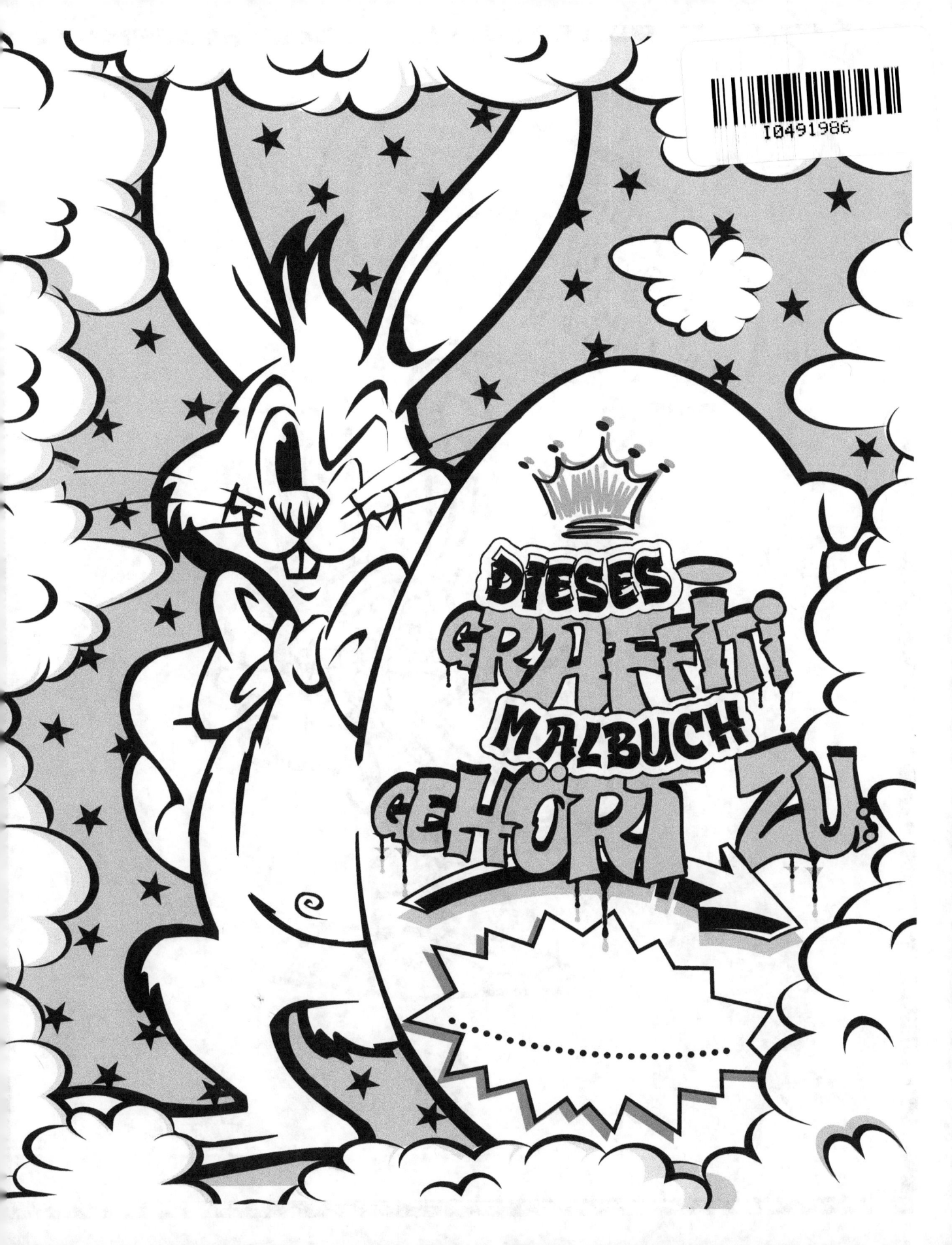

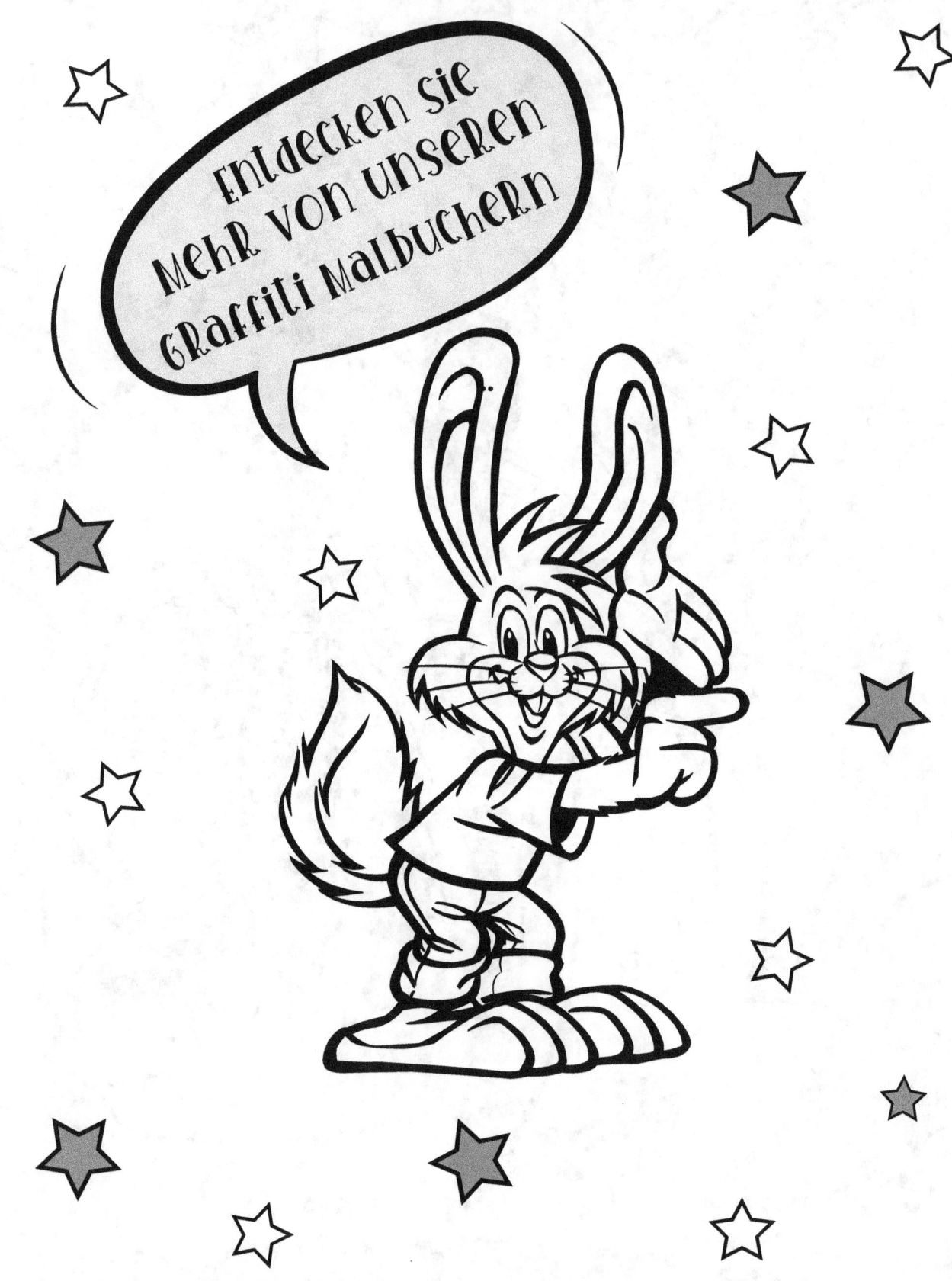

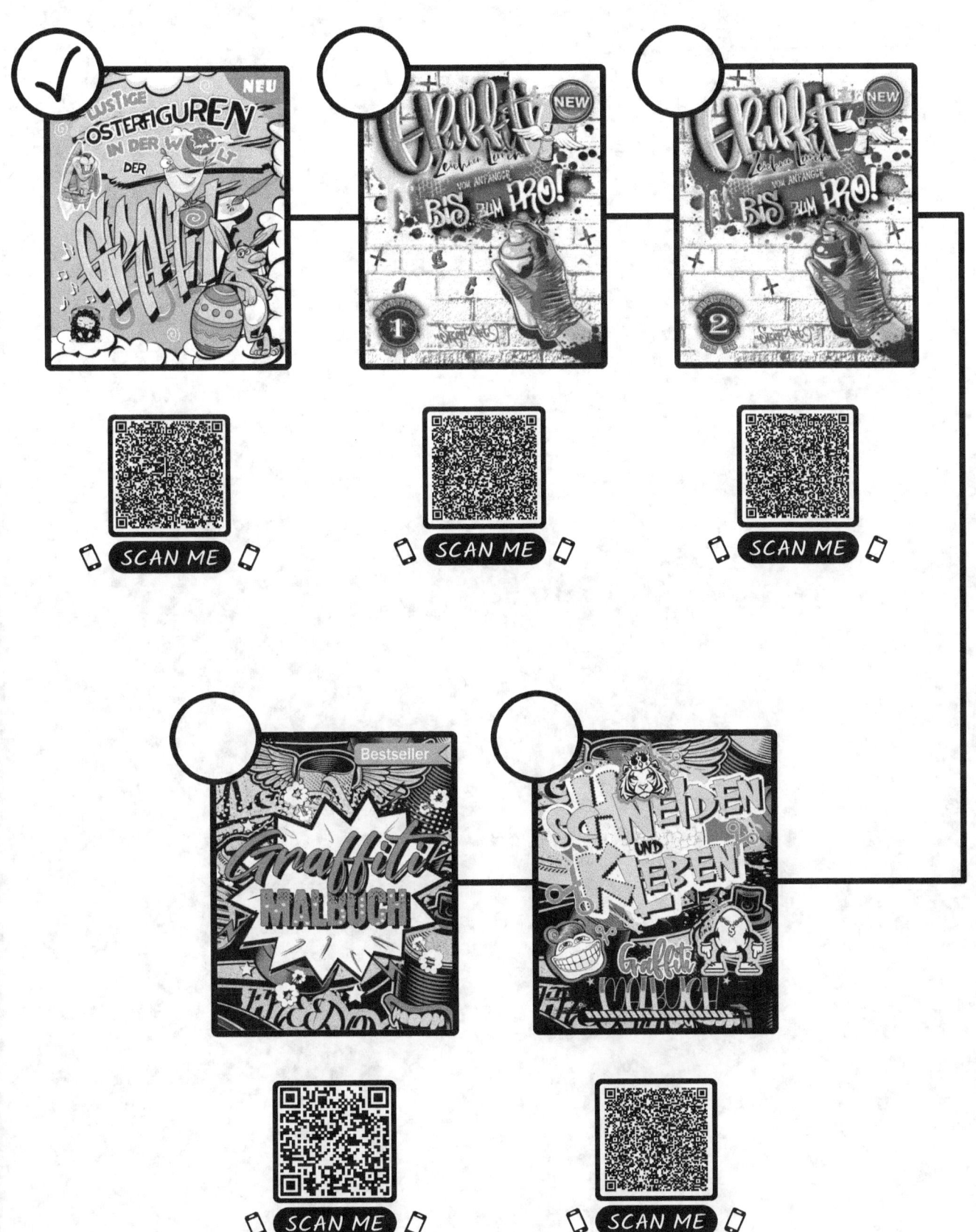

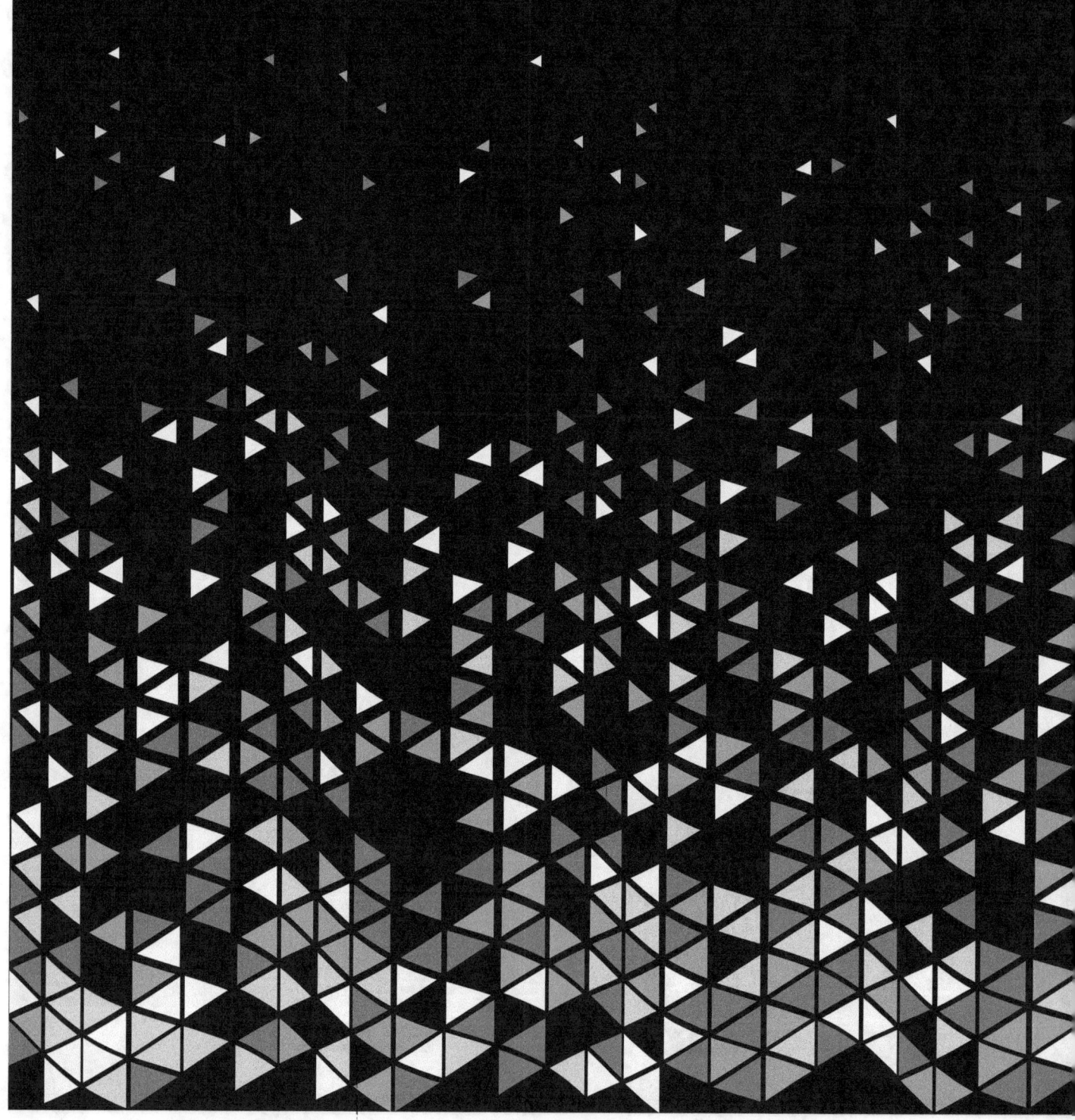

SO SCHWER

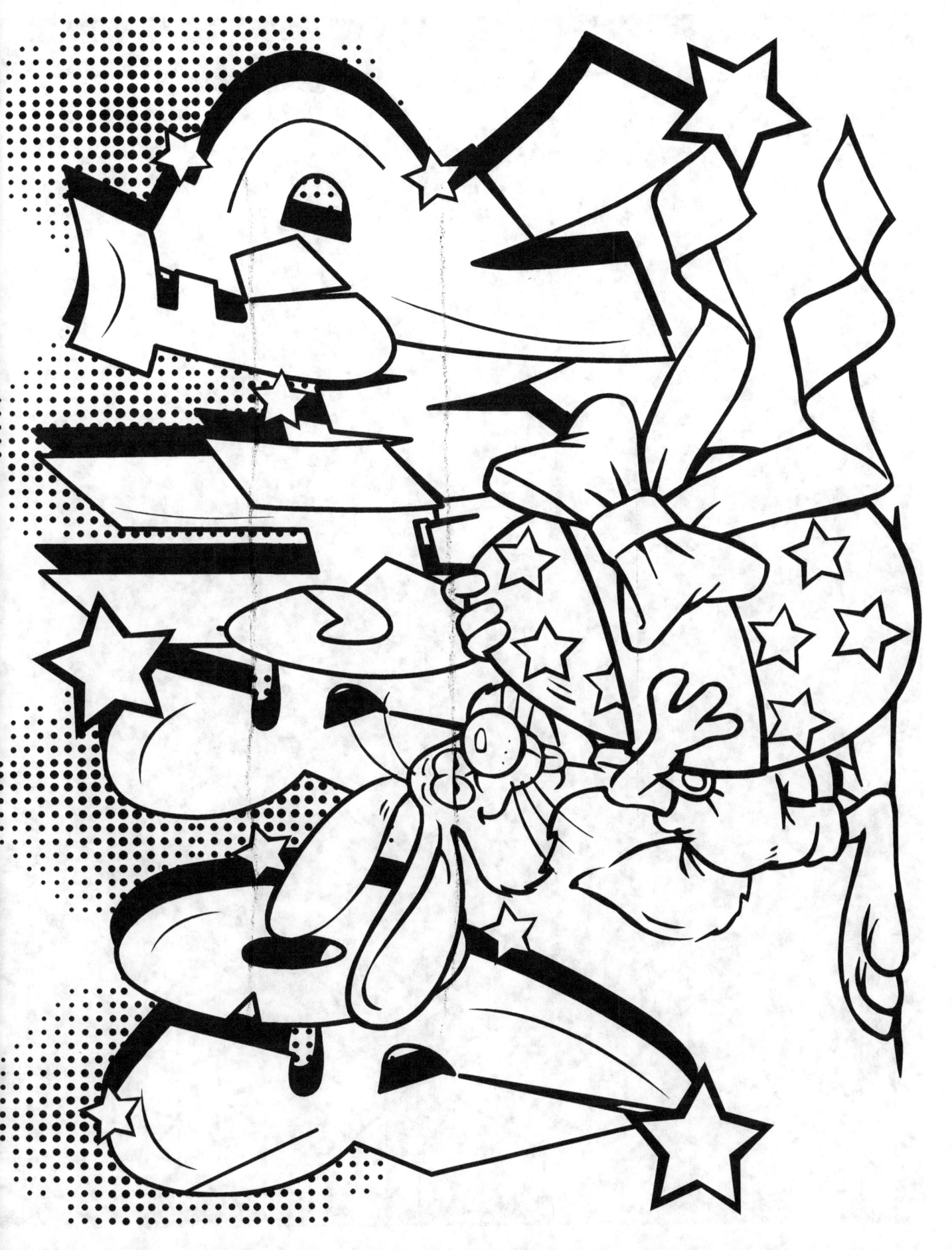

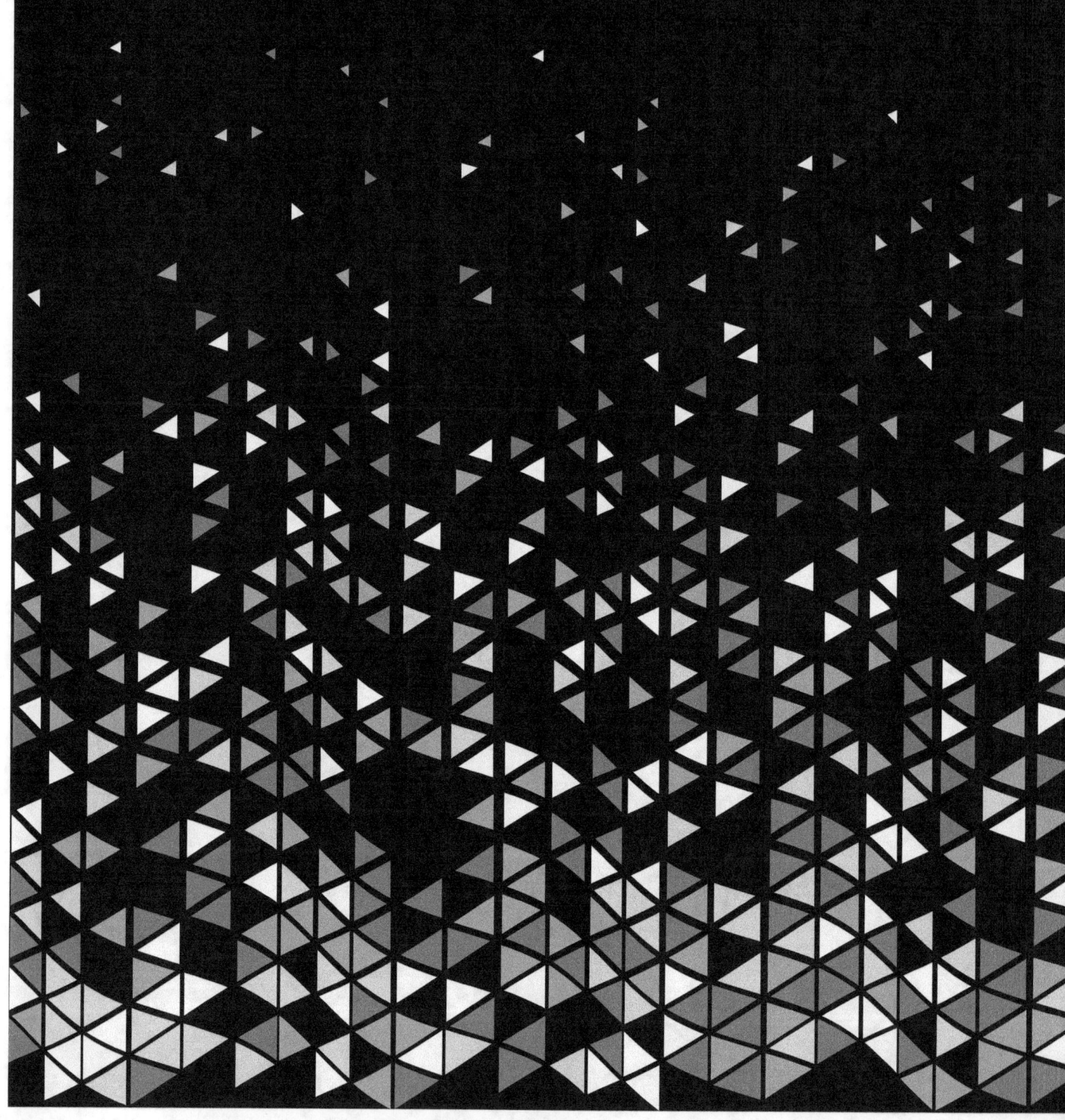

SCHON OSTERN?

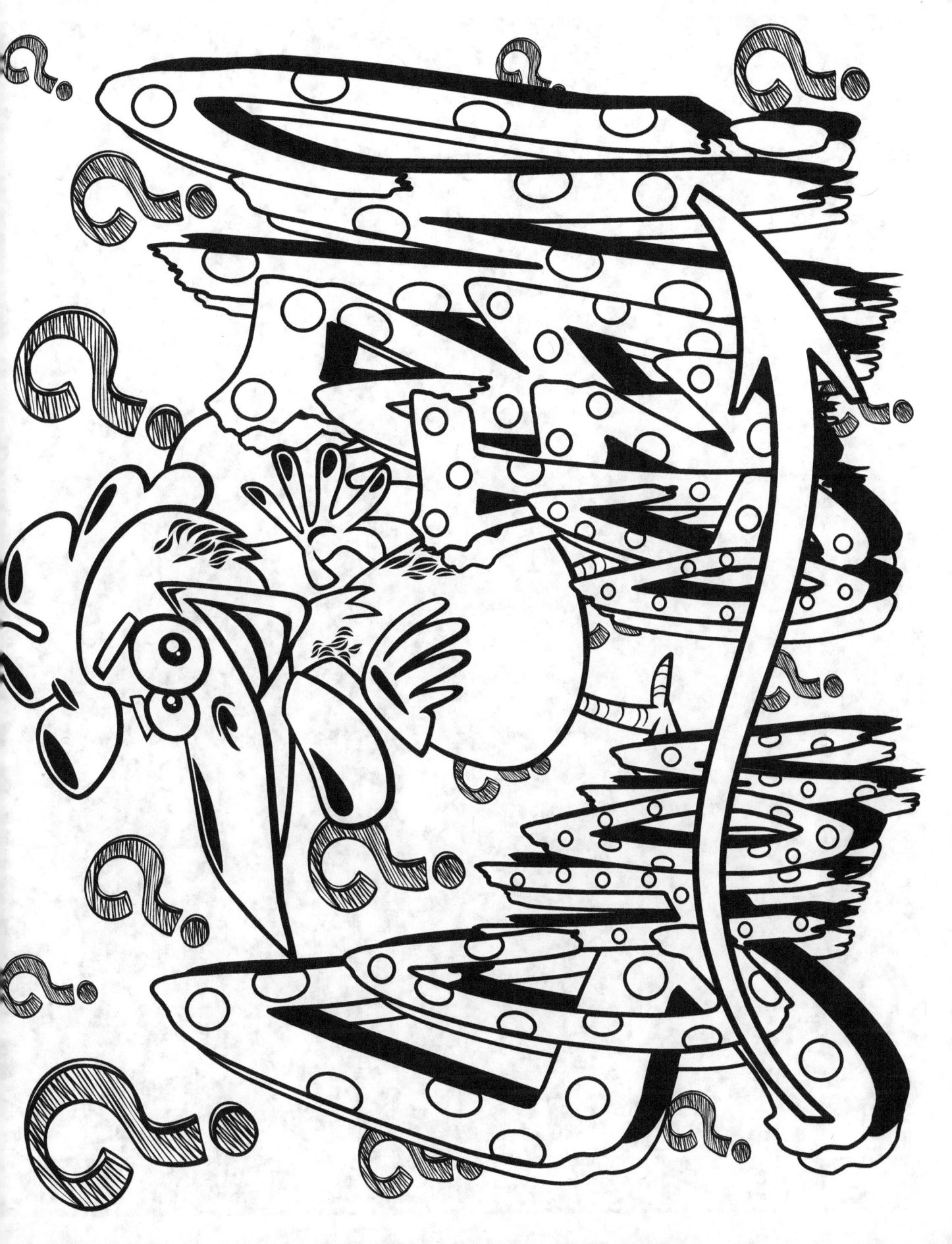

BABY CHICKEN STYLE

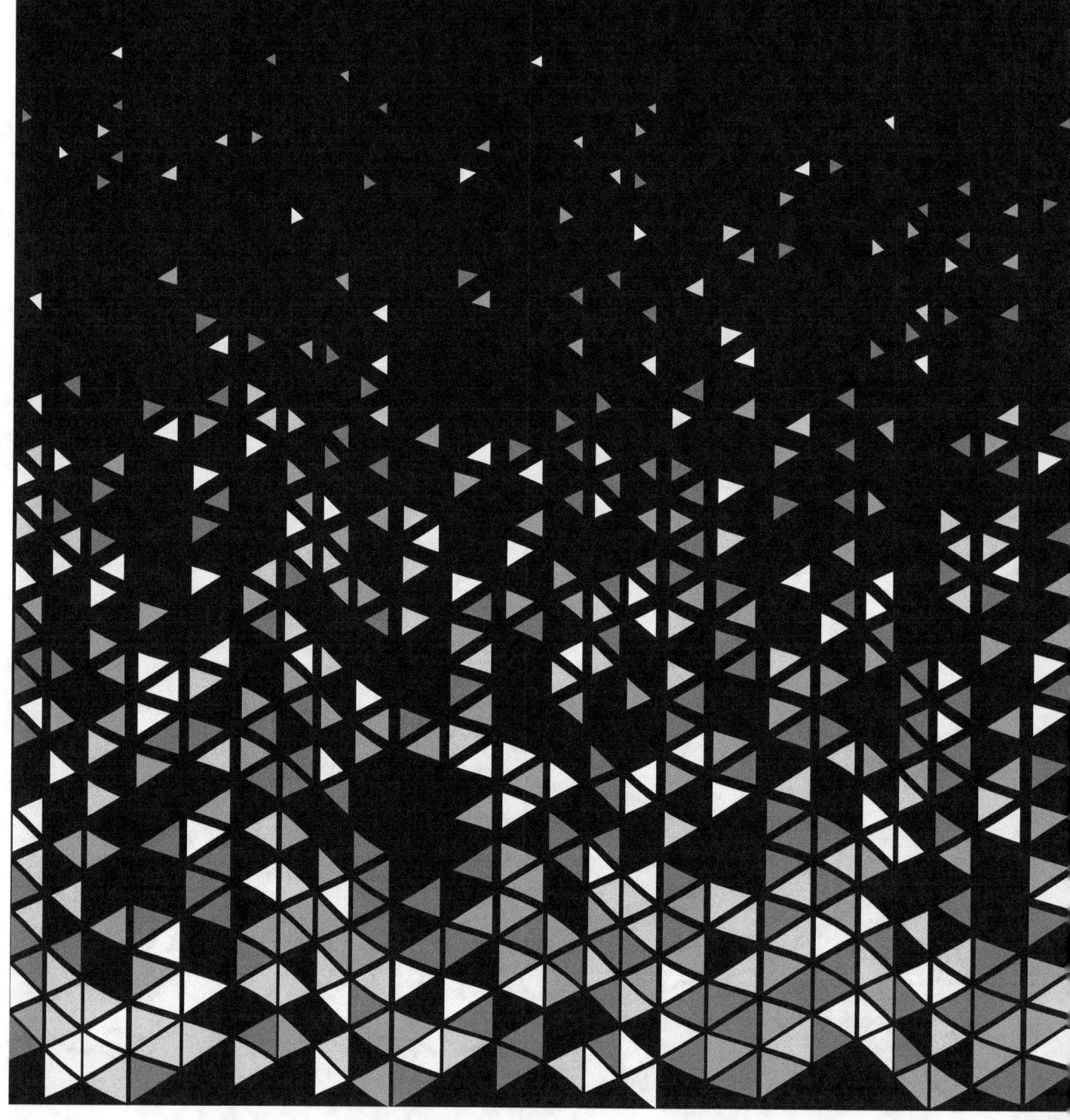

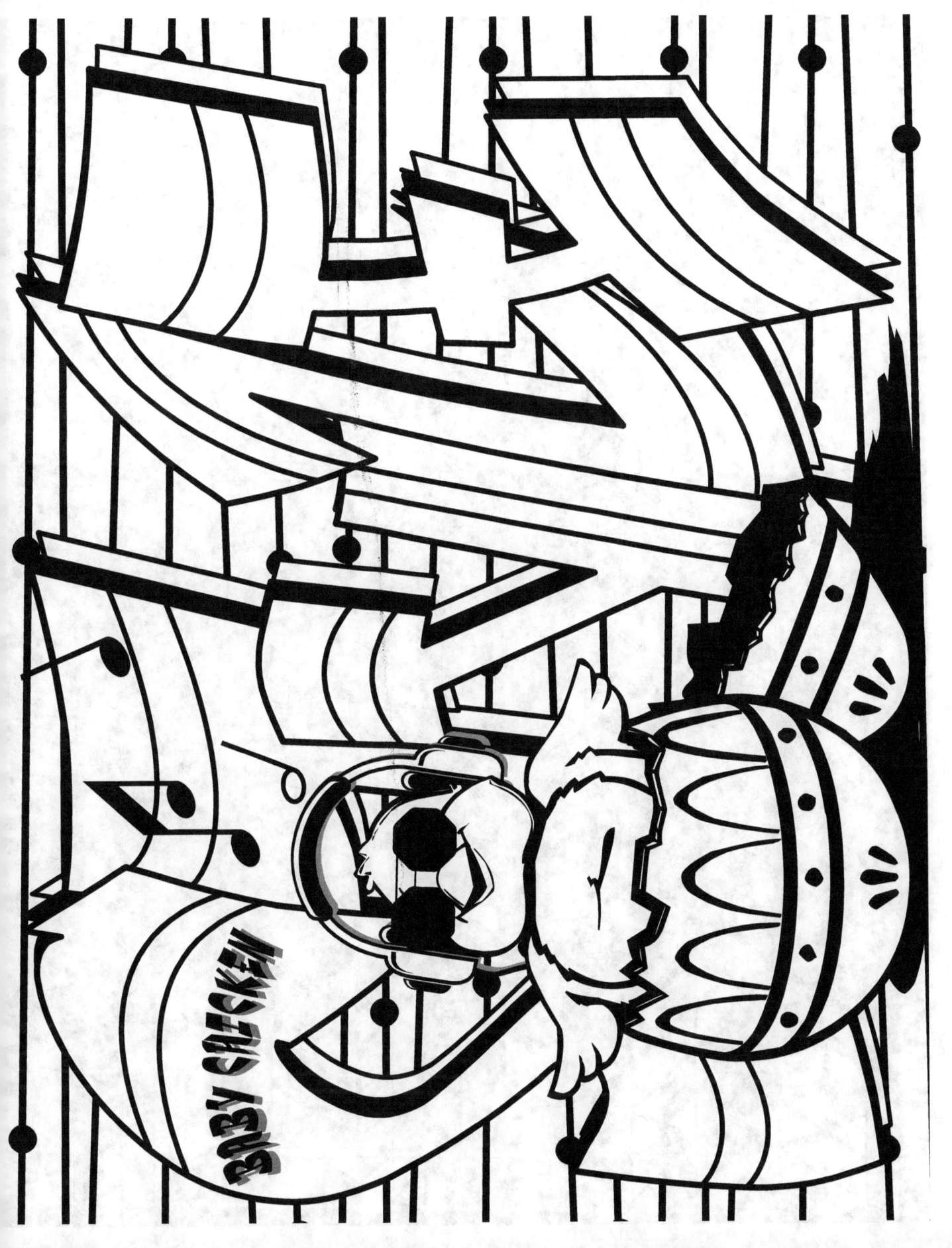

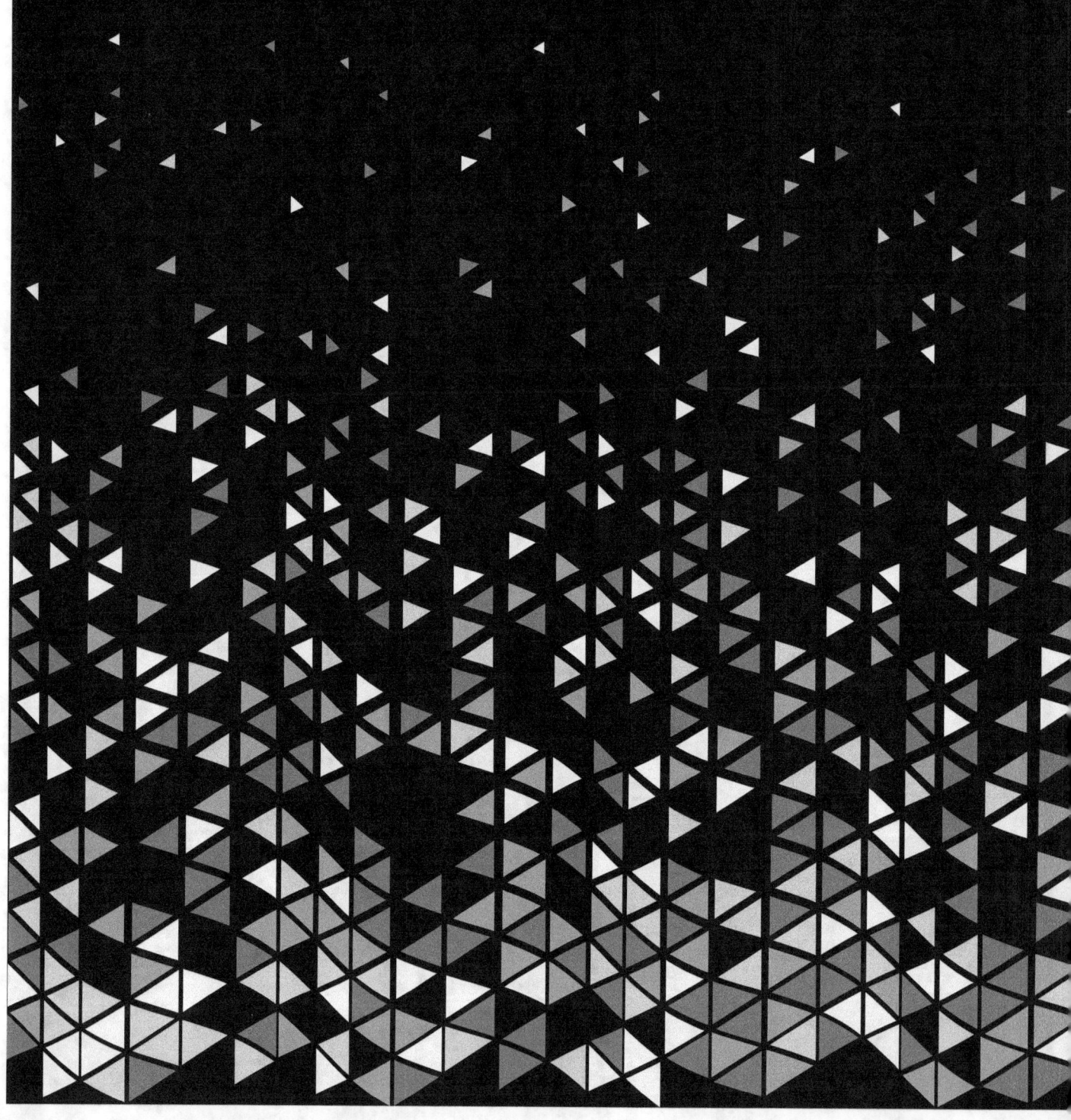

TOLLER HUMOR

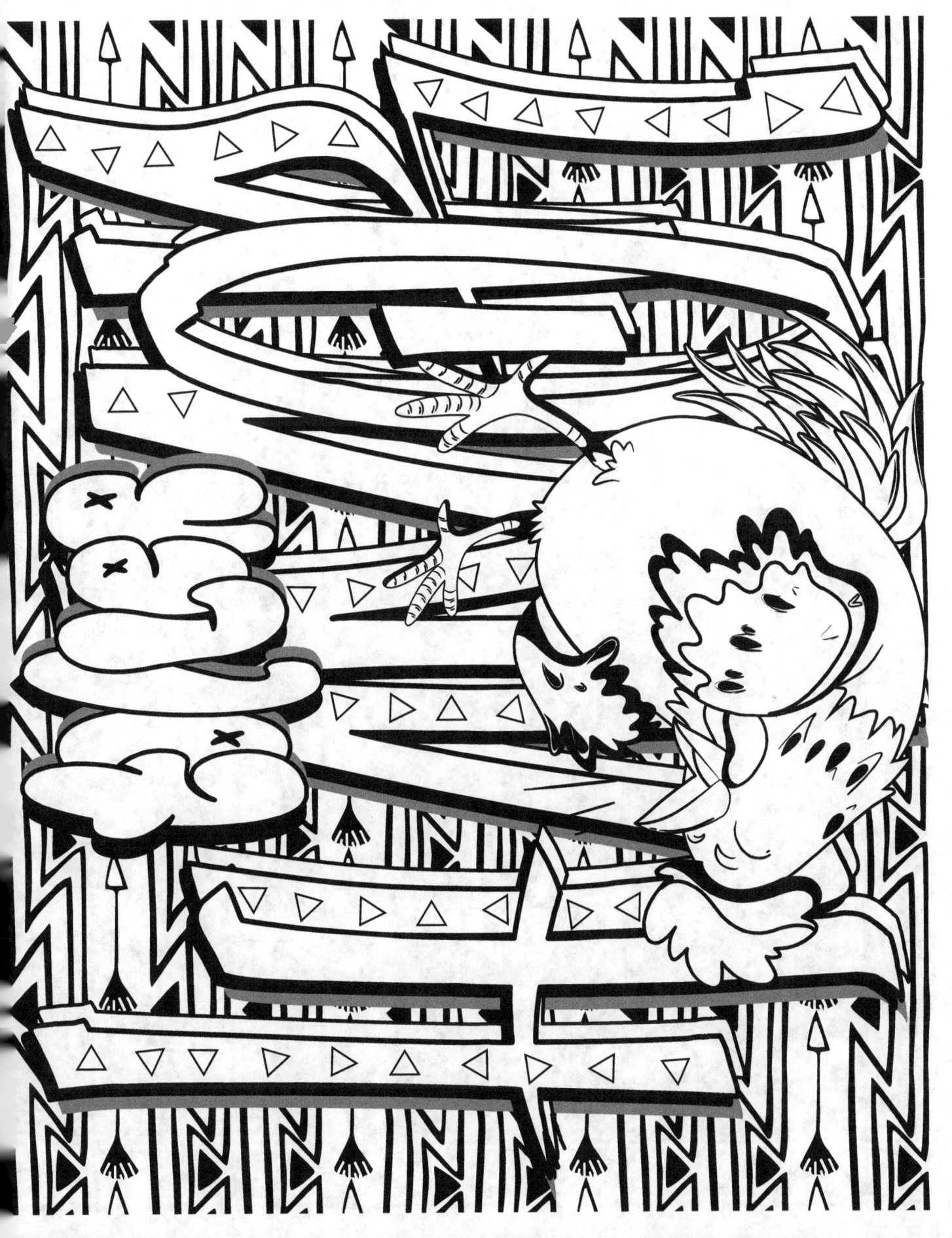

TOLLER FLUG

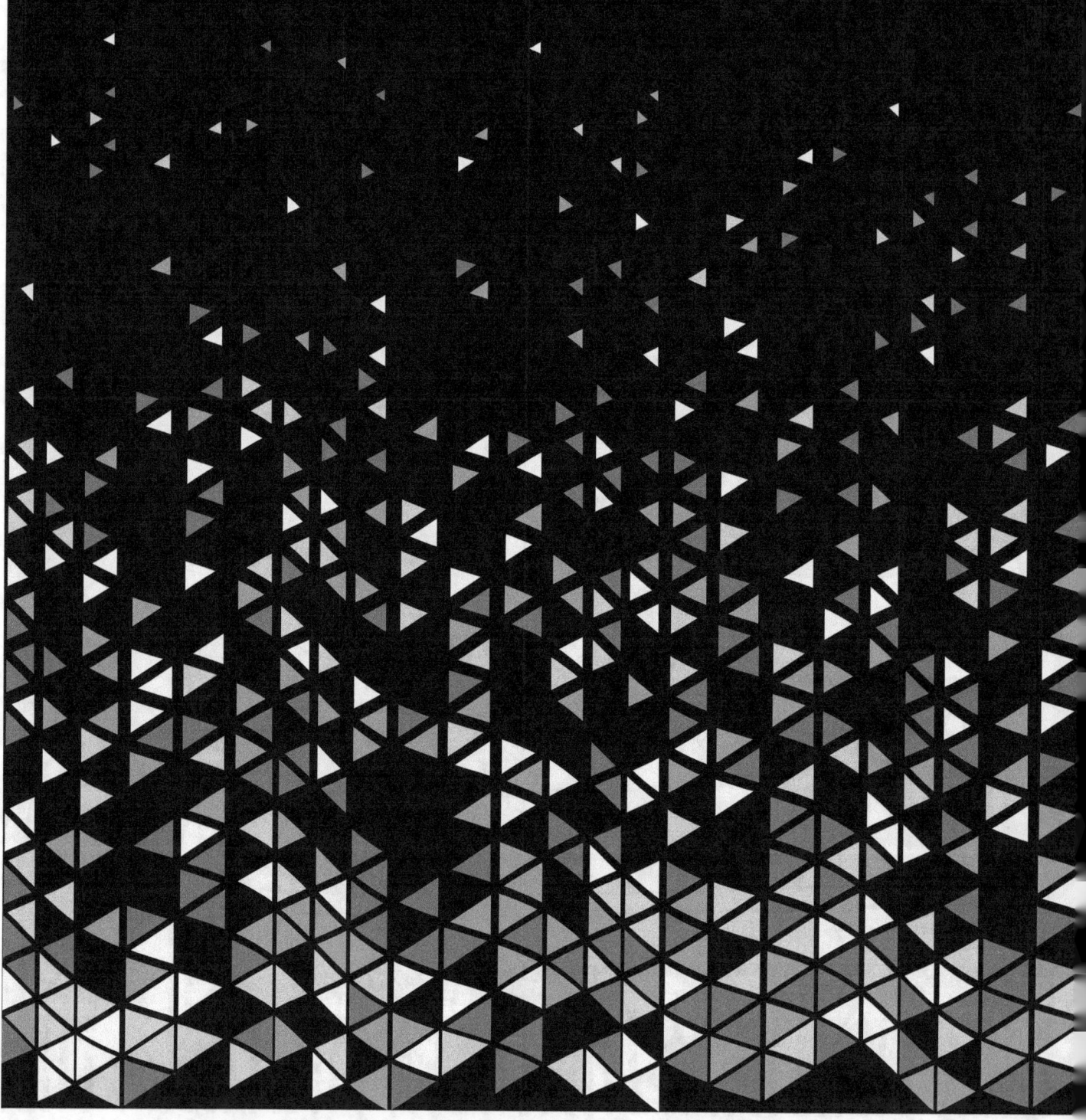

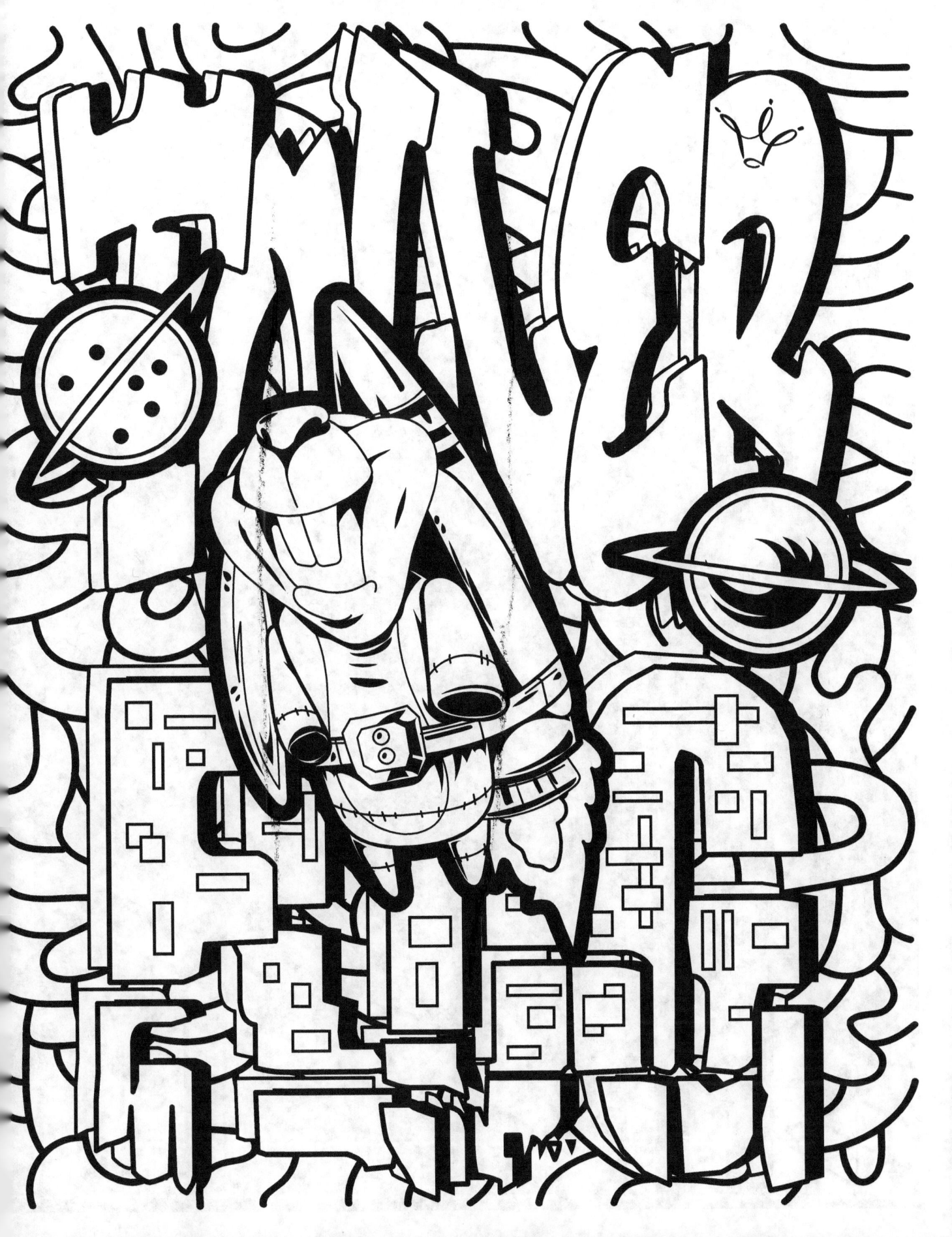

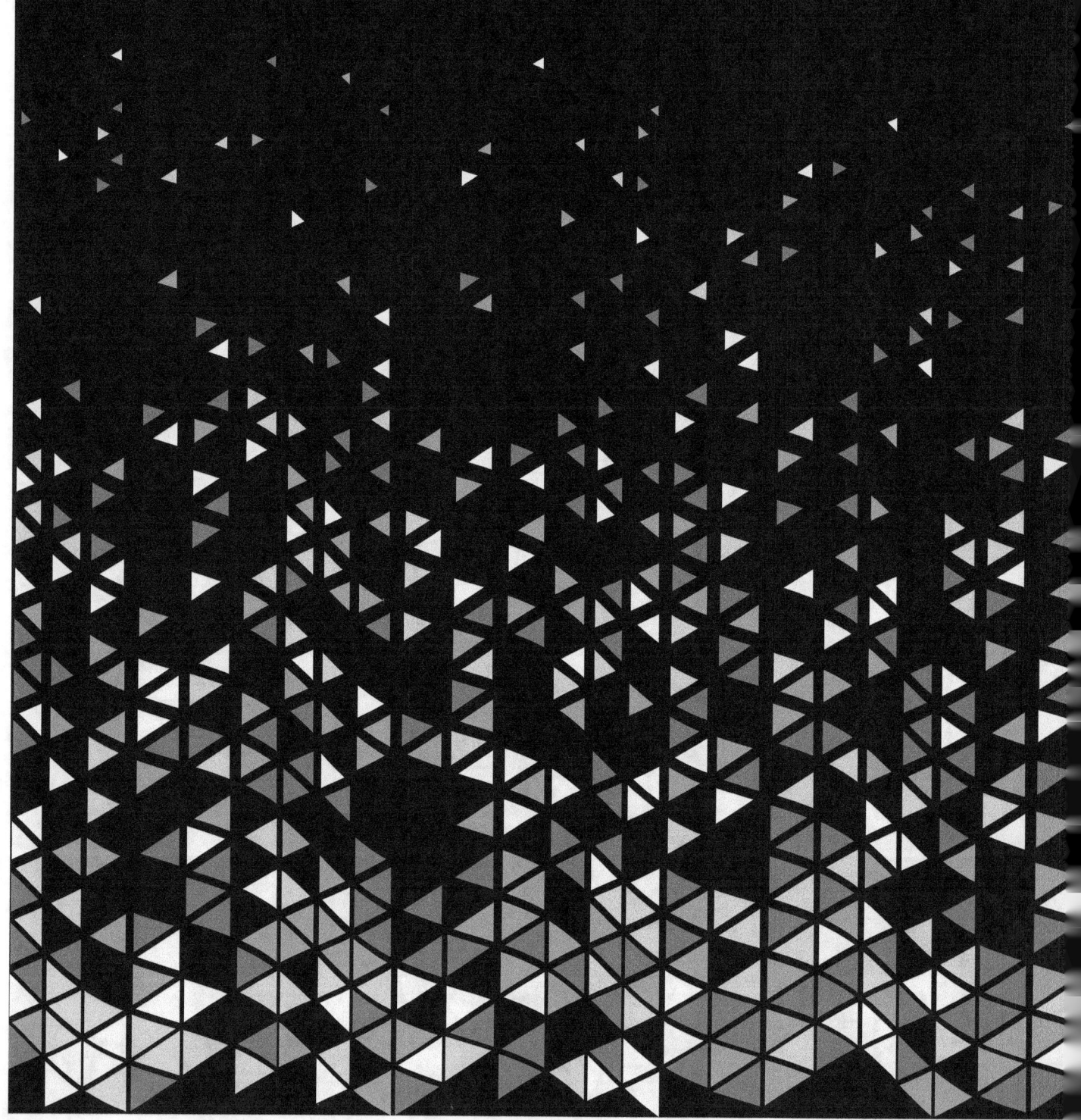

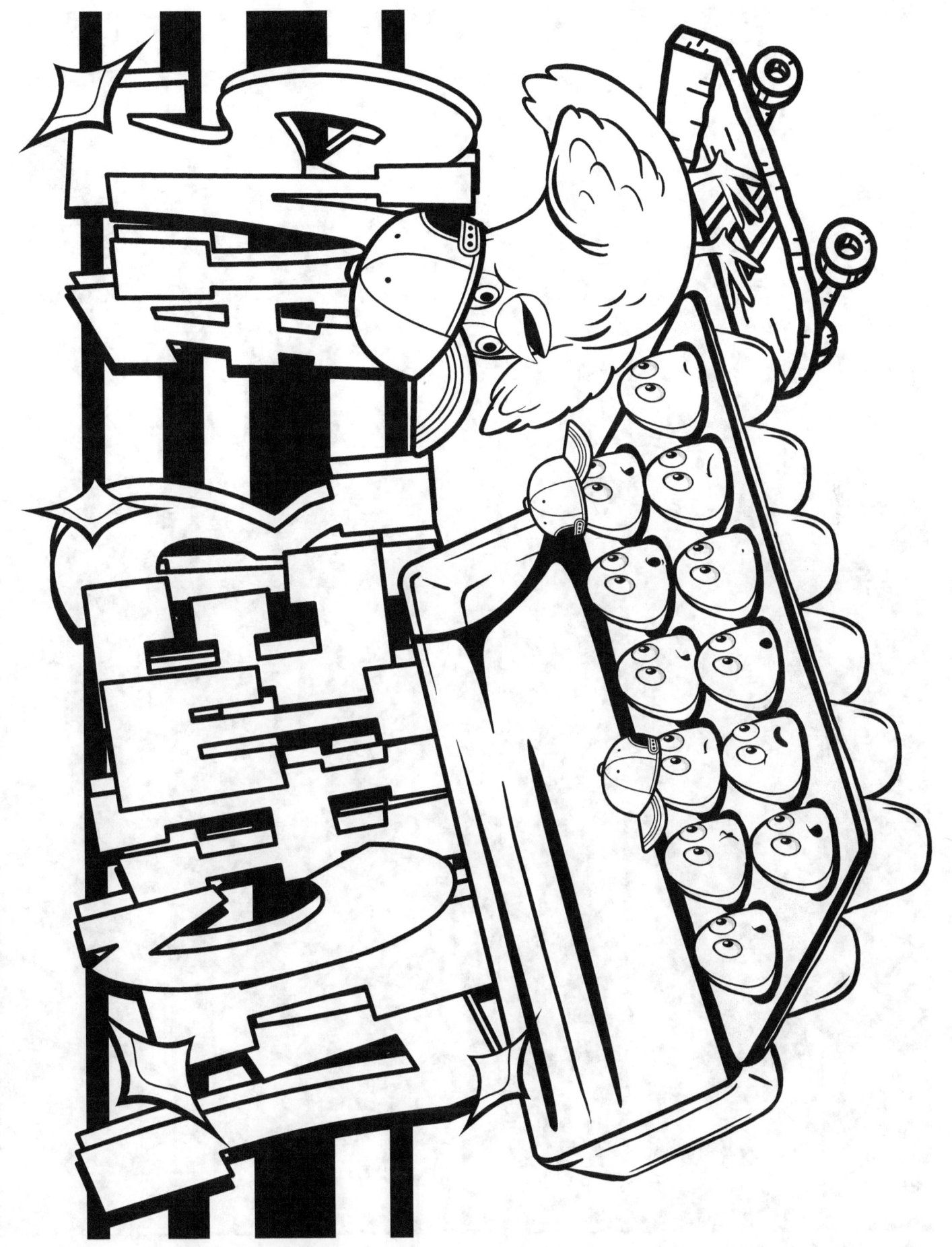

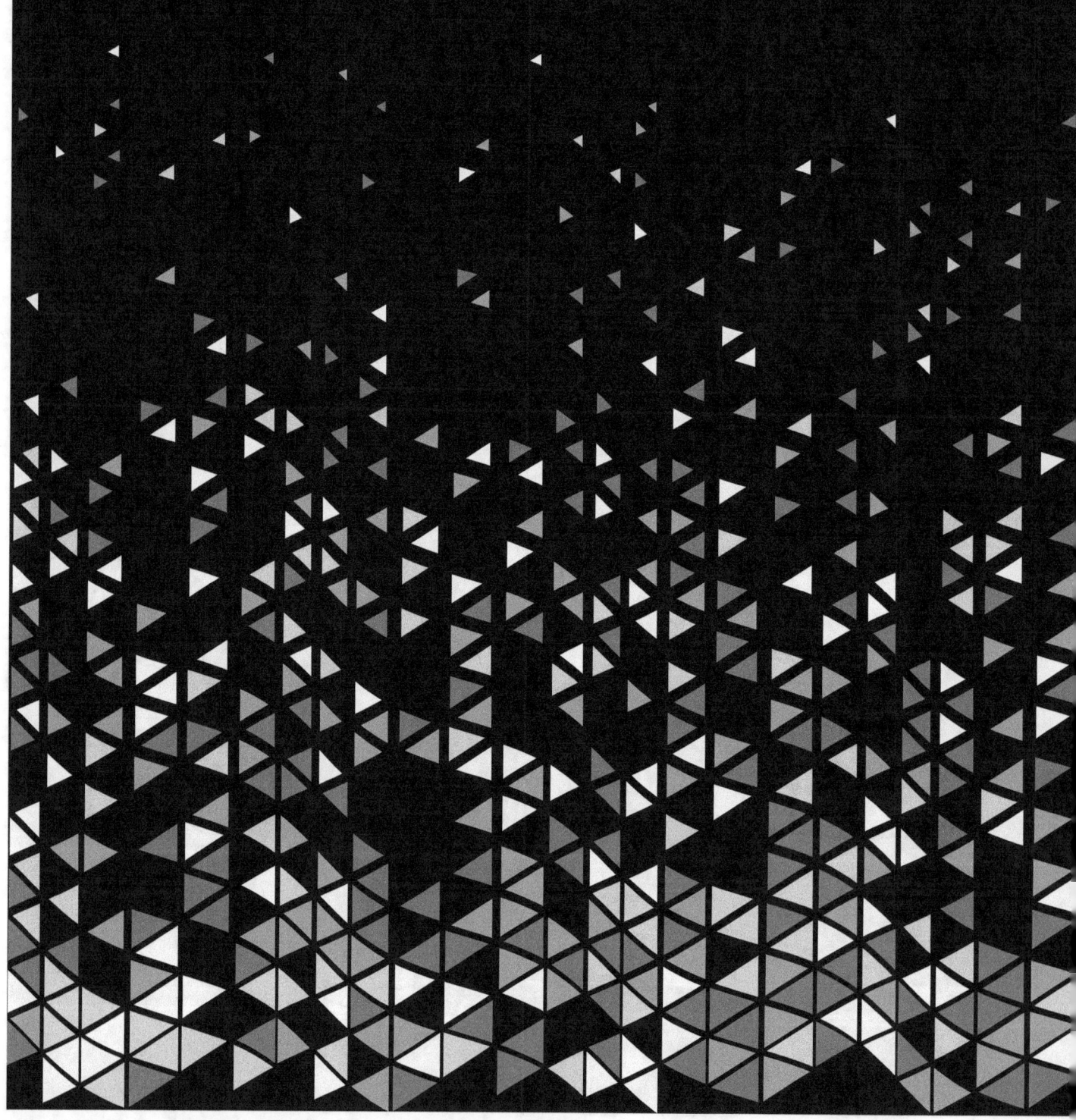

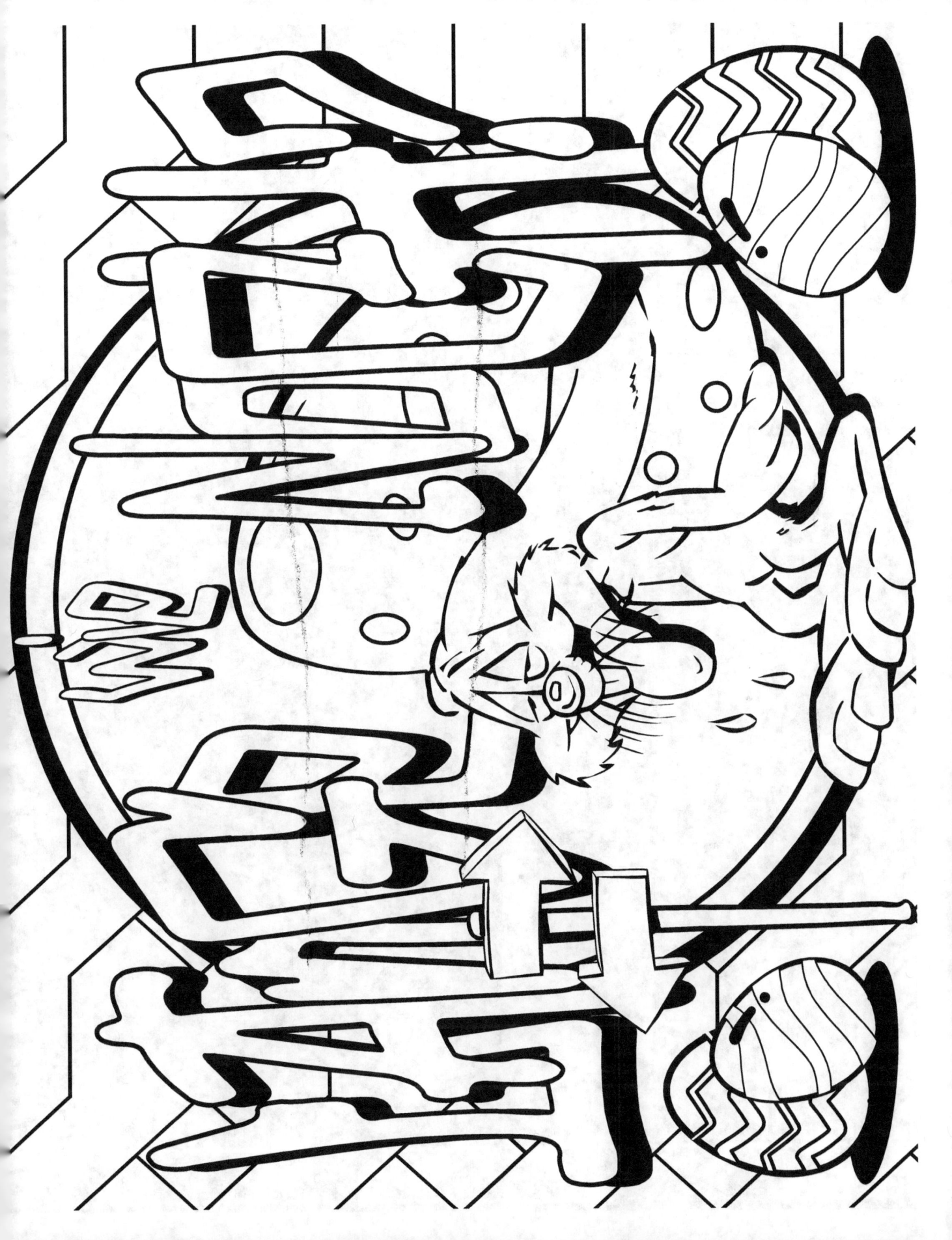

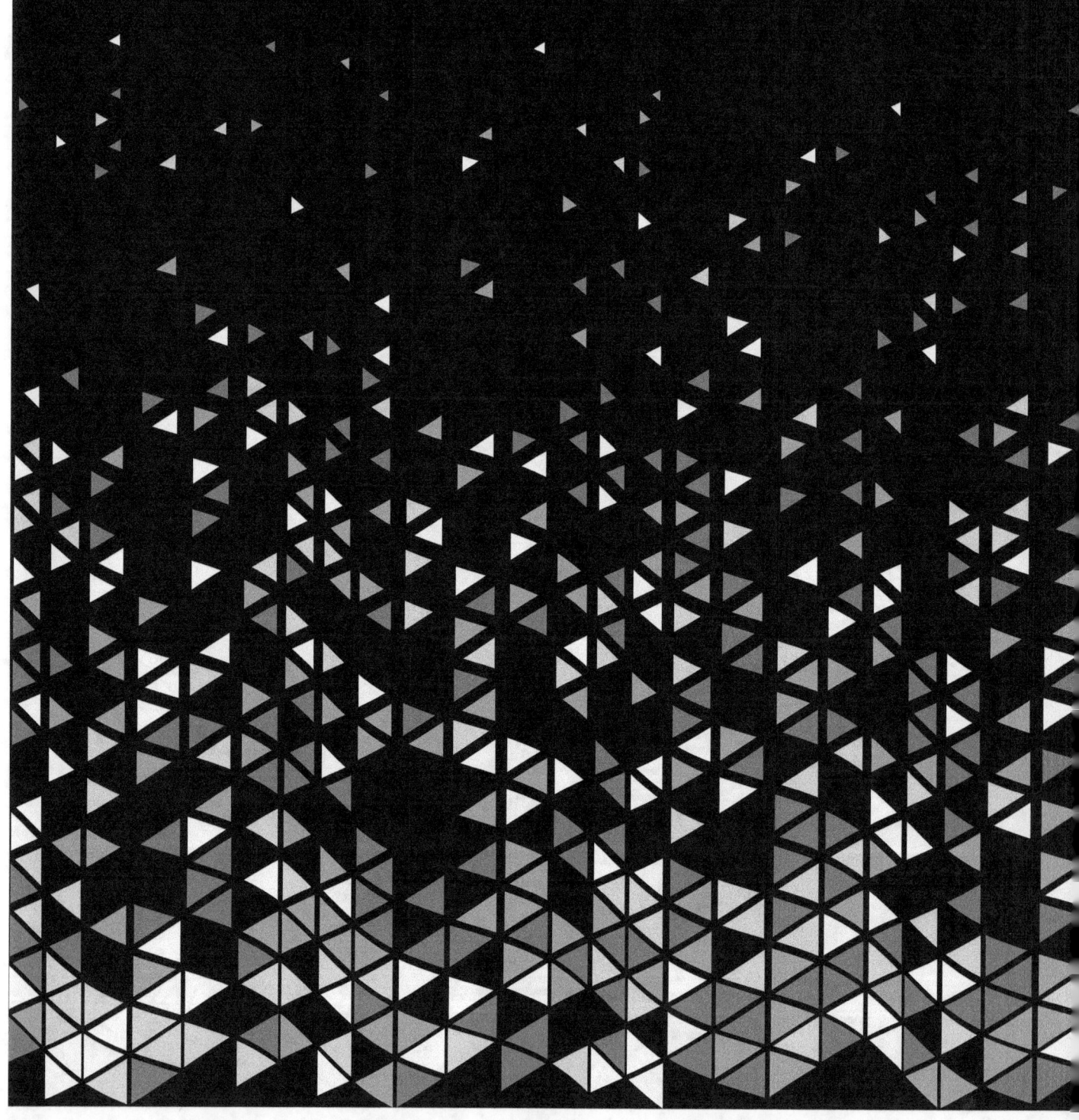

GRAFFITI KÖNIG

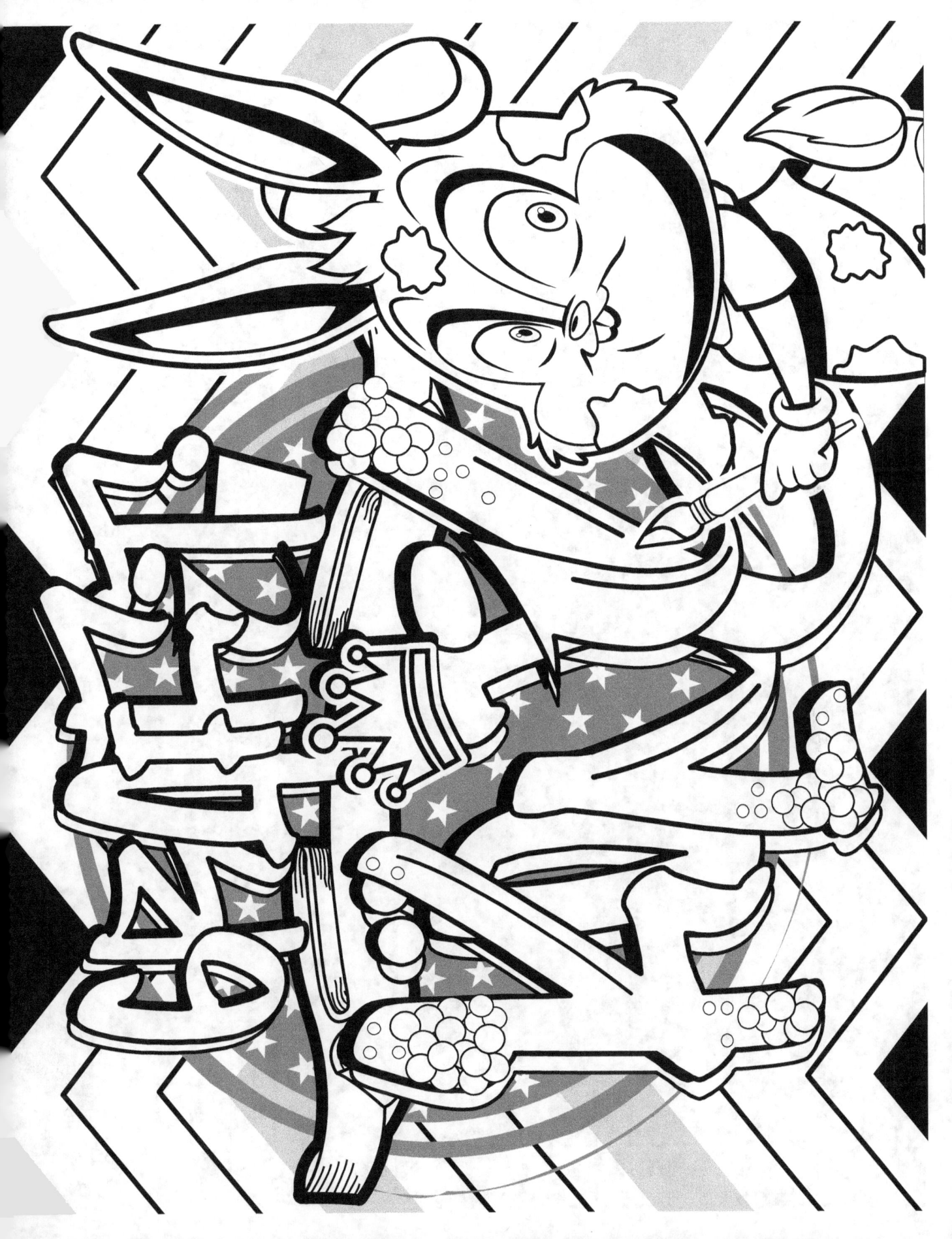

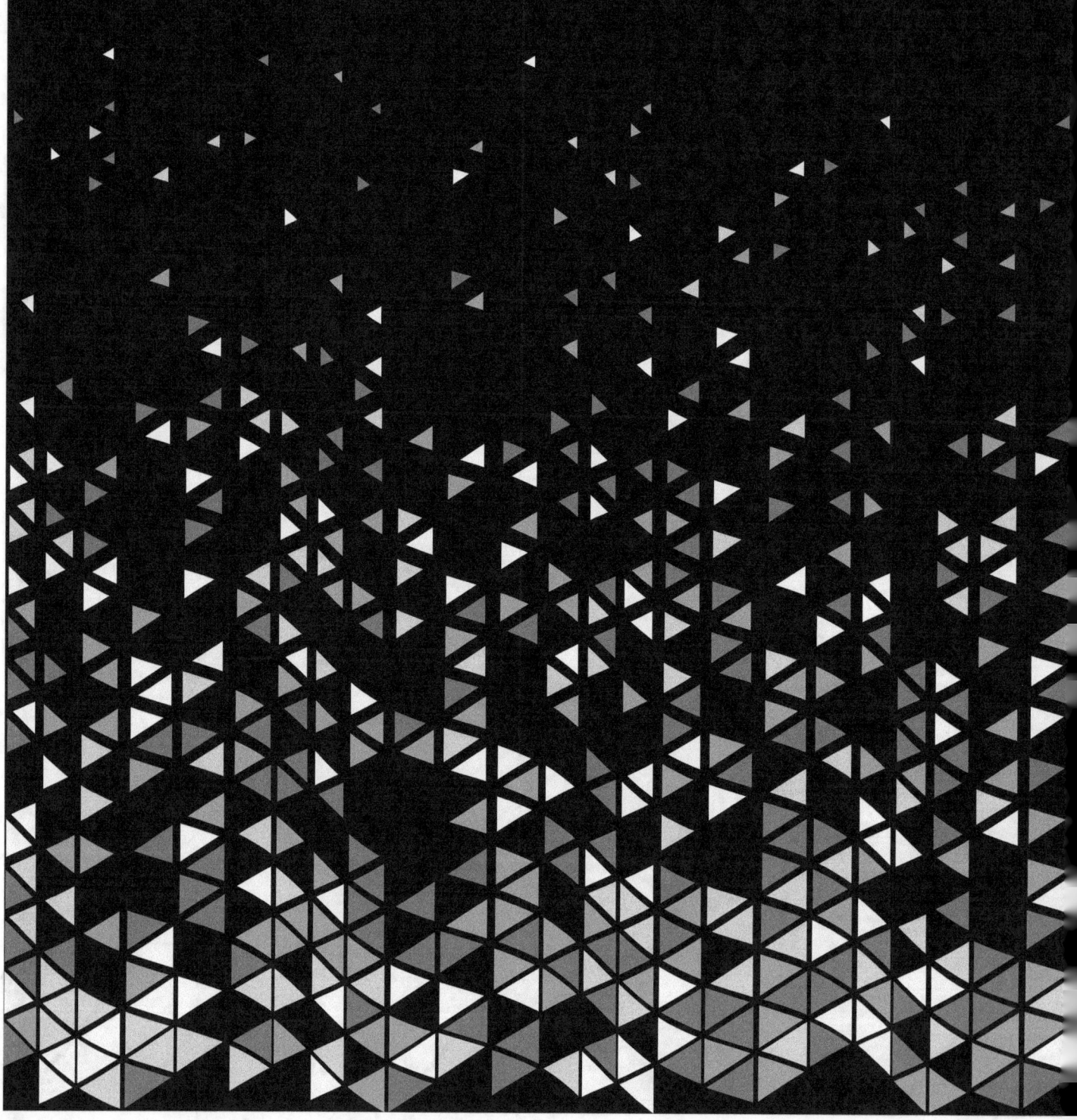

HOH ZIELEN

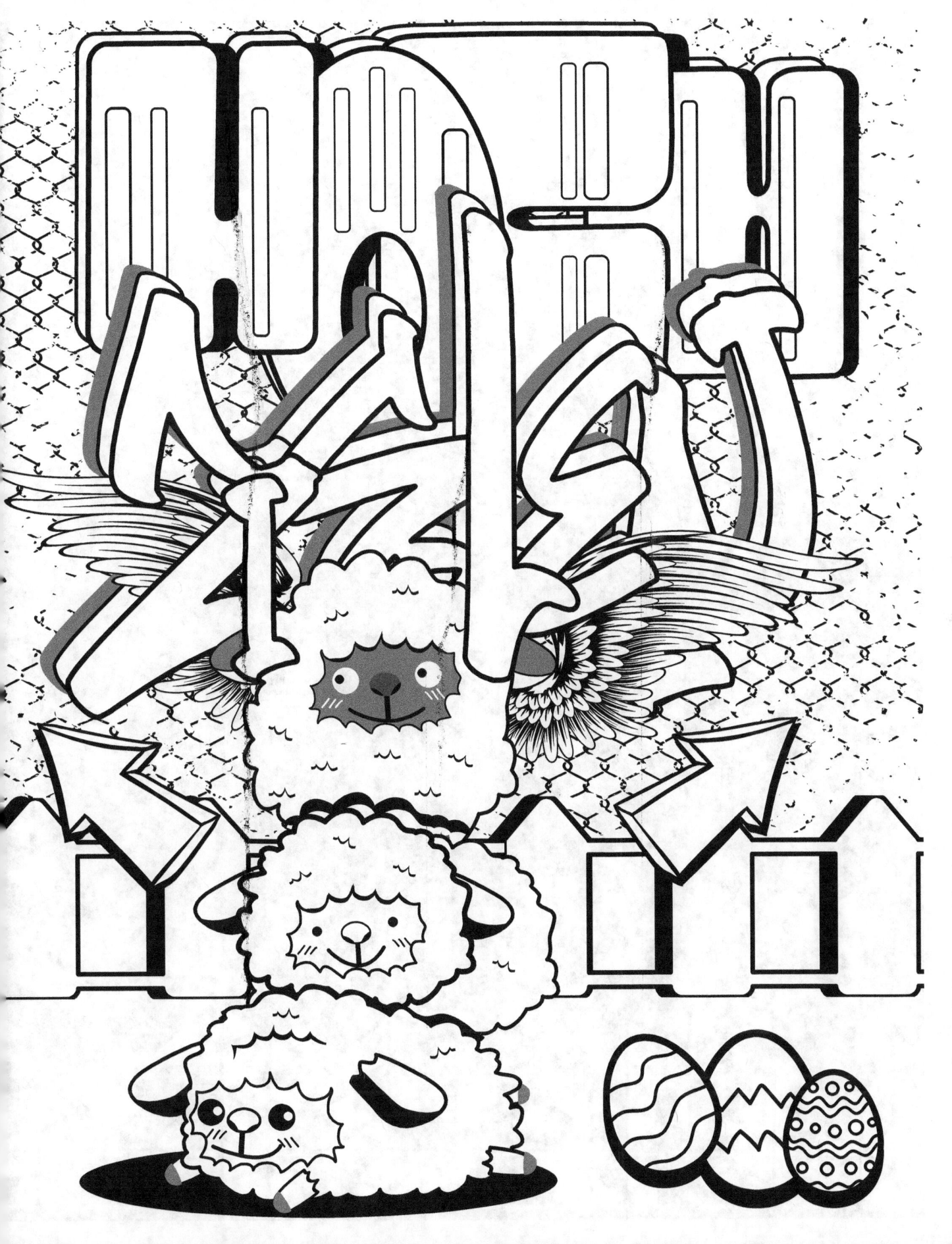

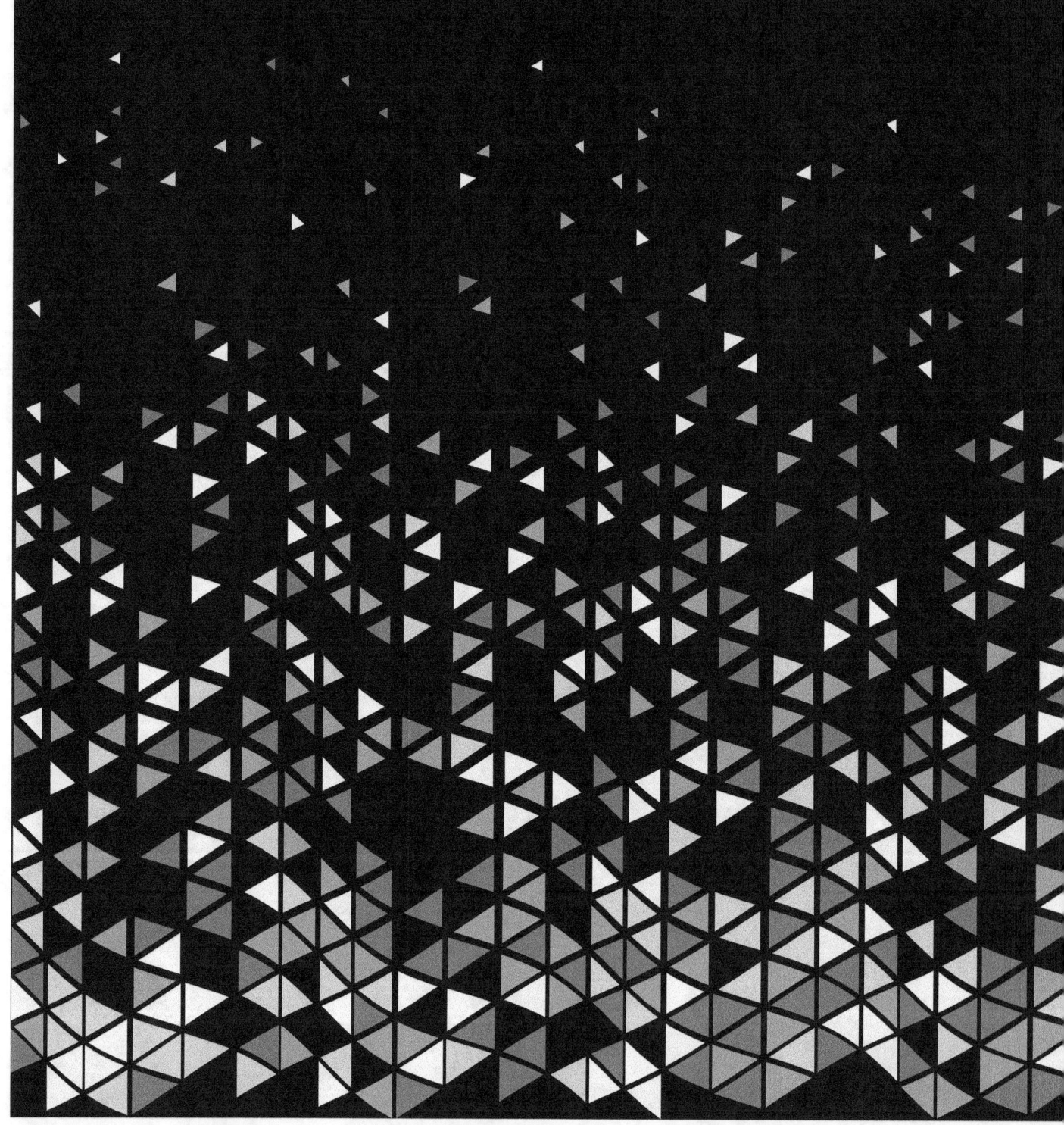
EINFACH CHILLEN

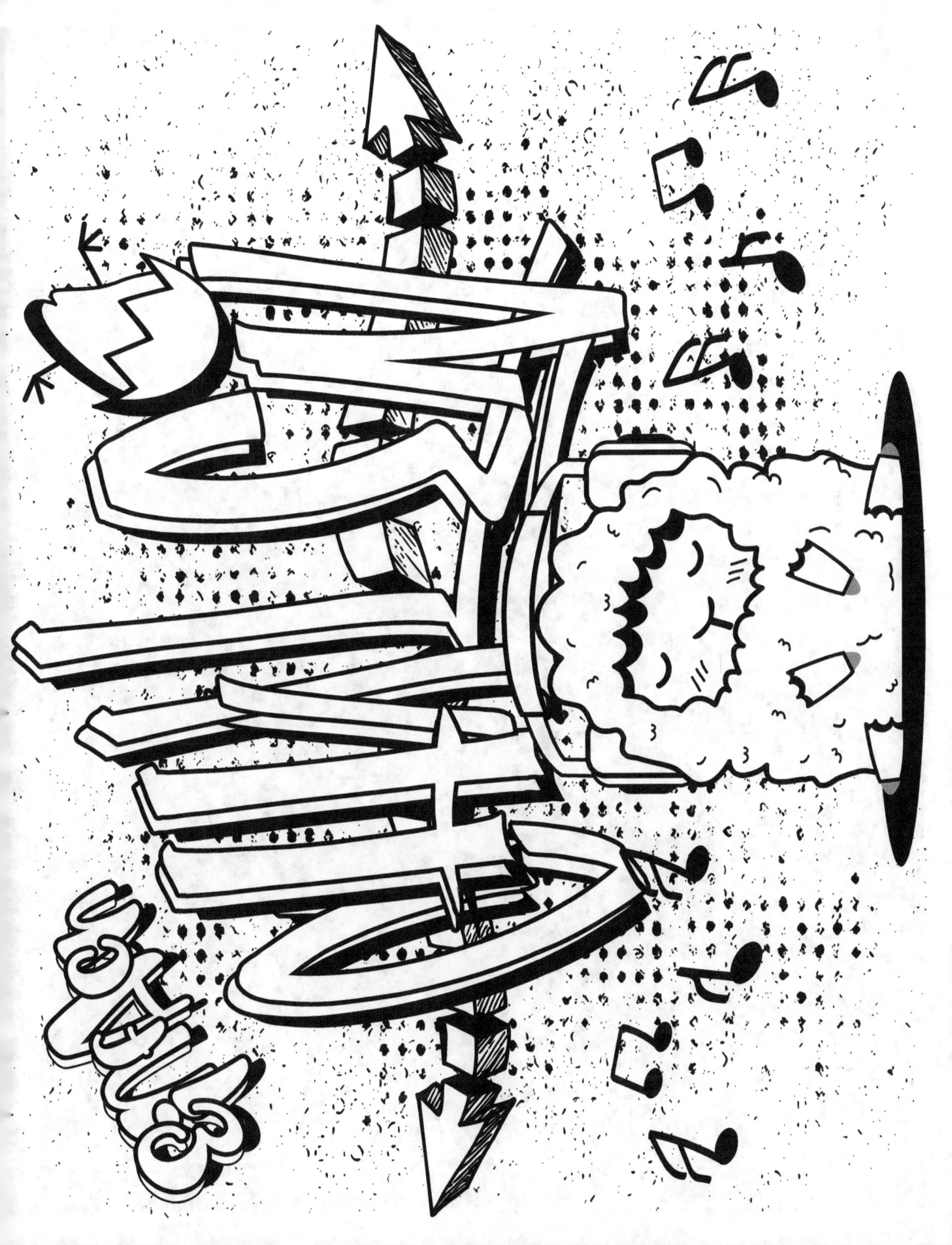

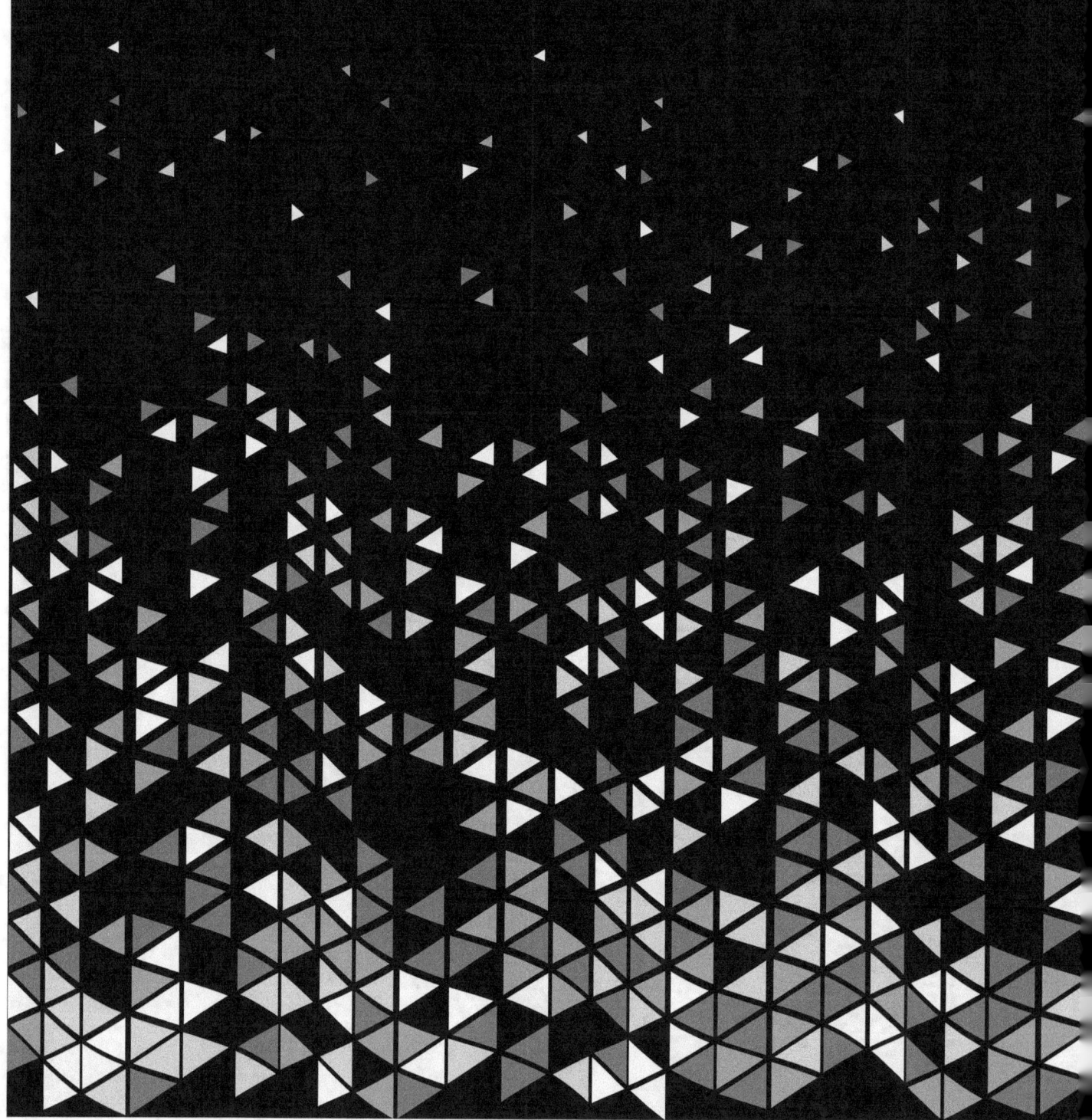

IMMER MIT STIL

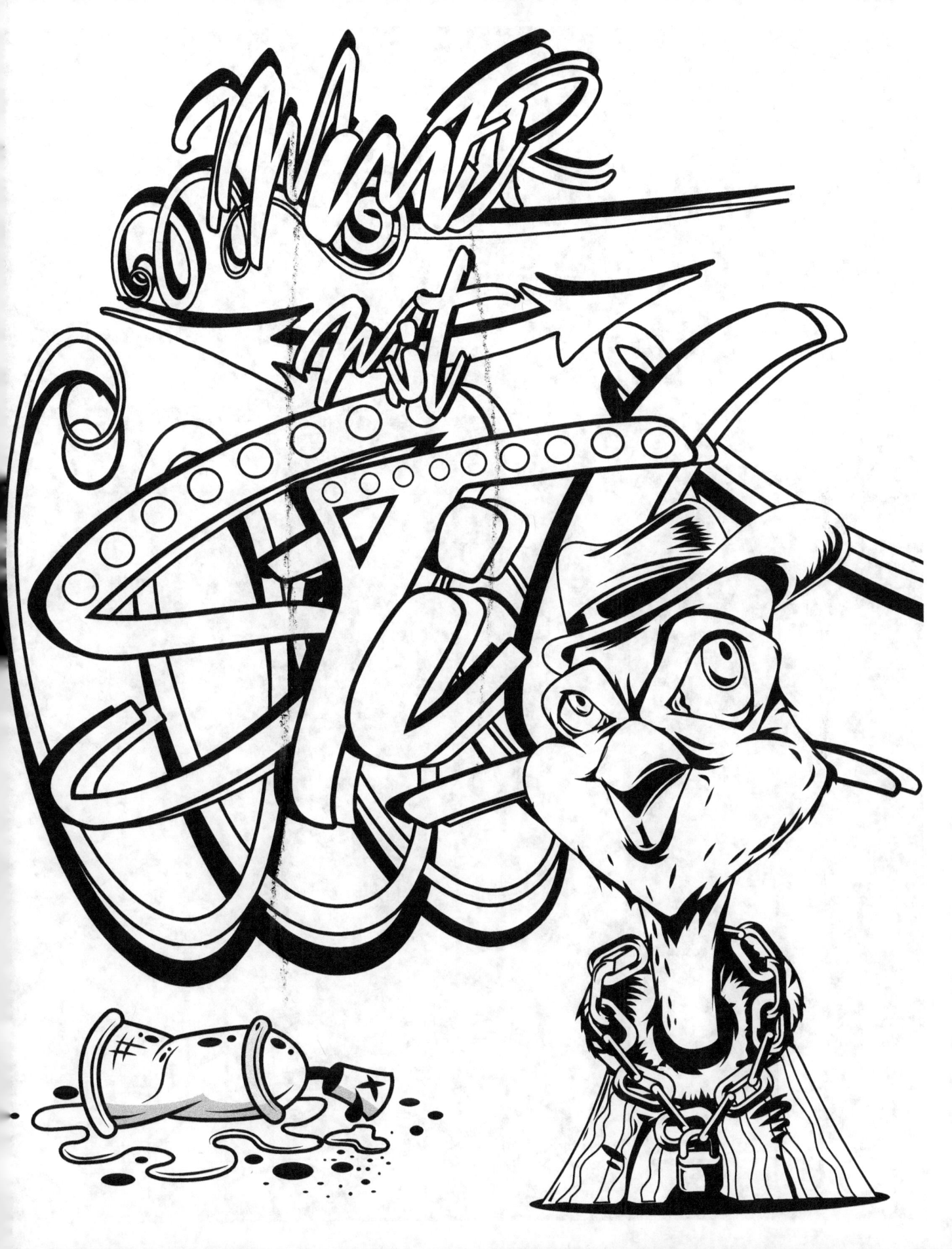

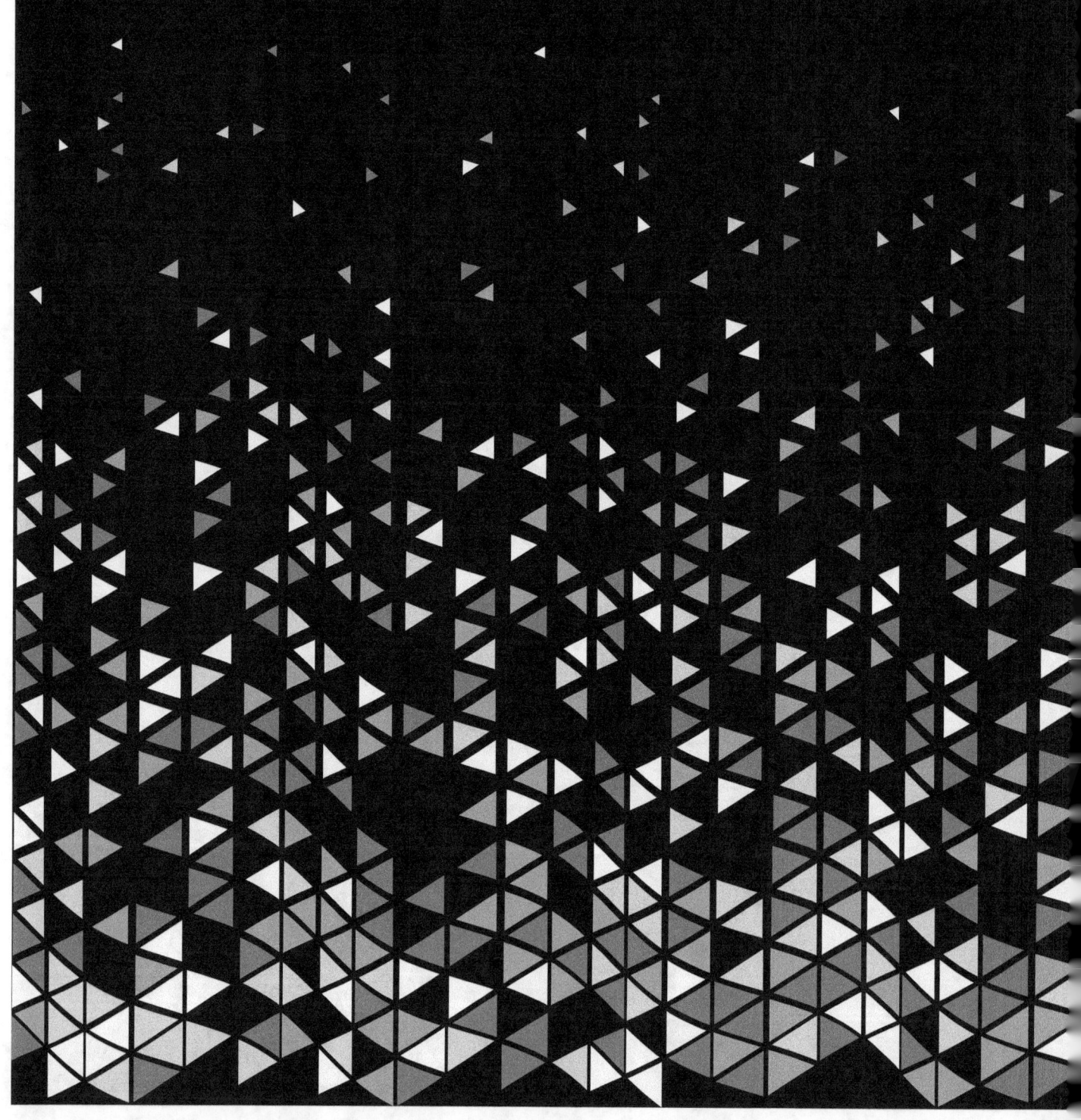

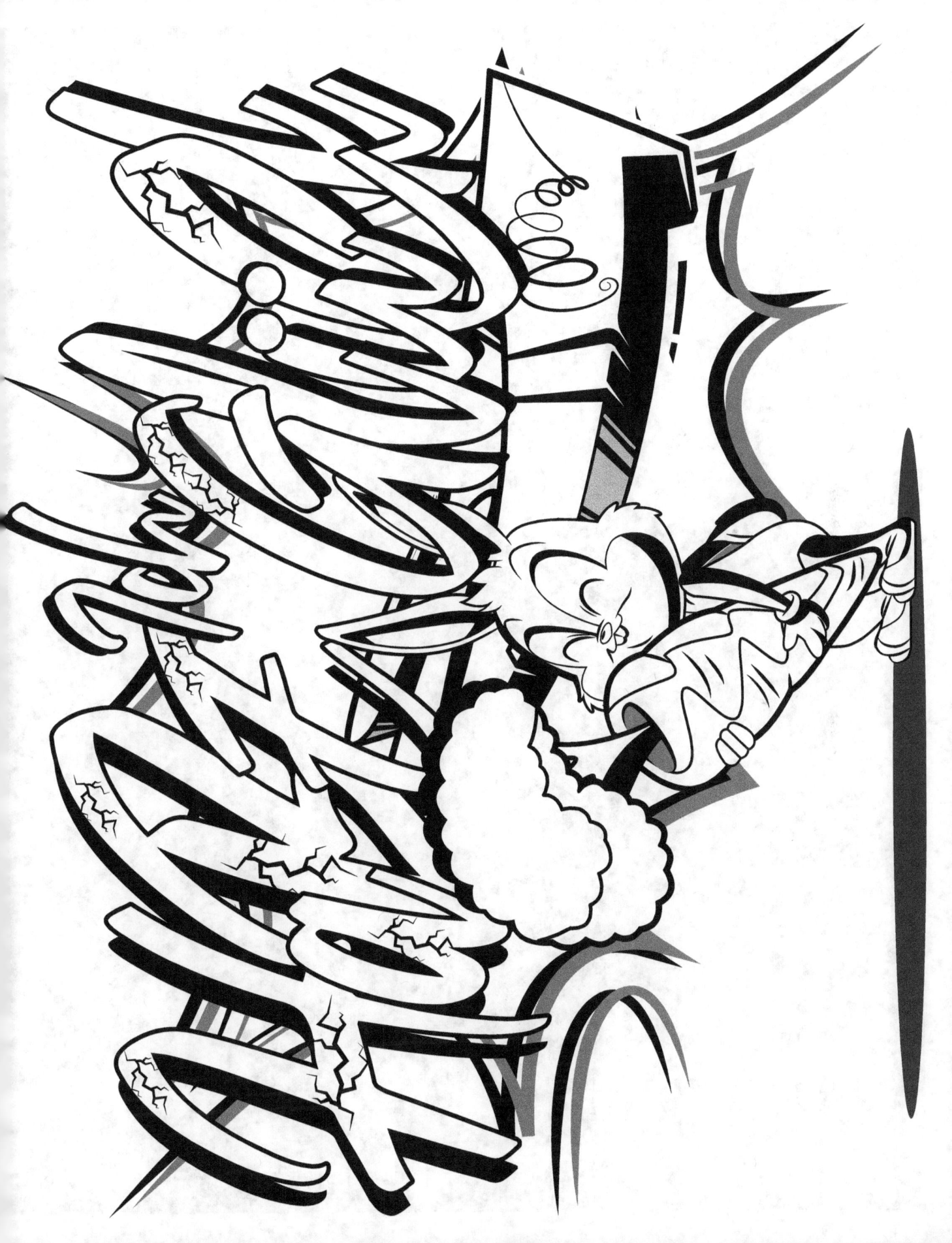

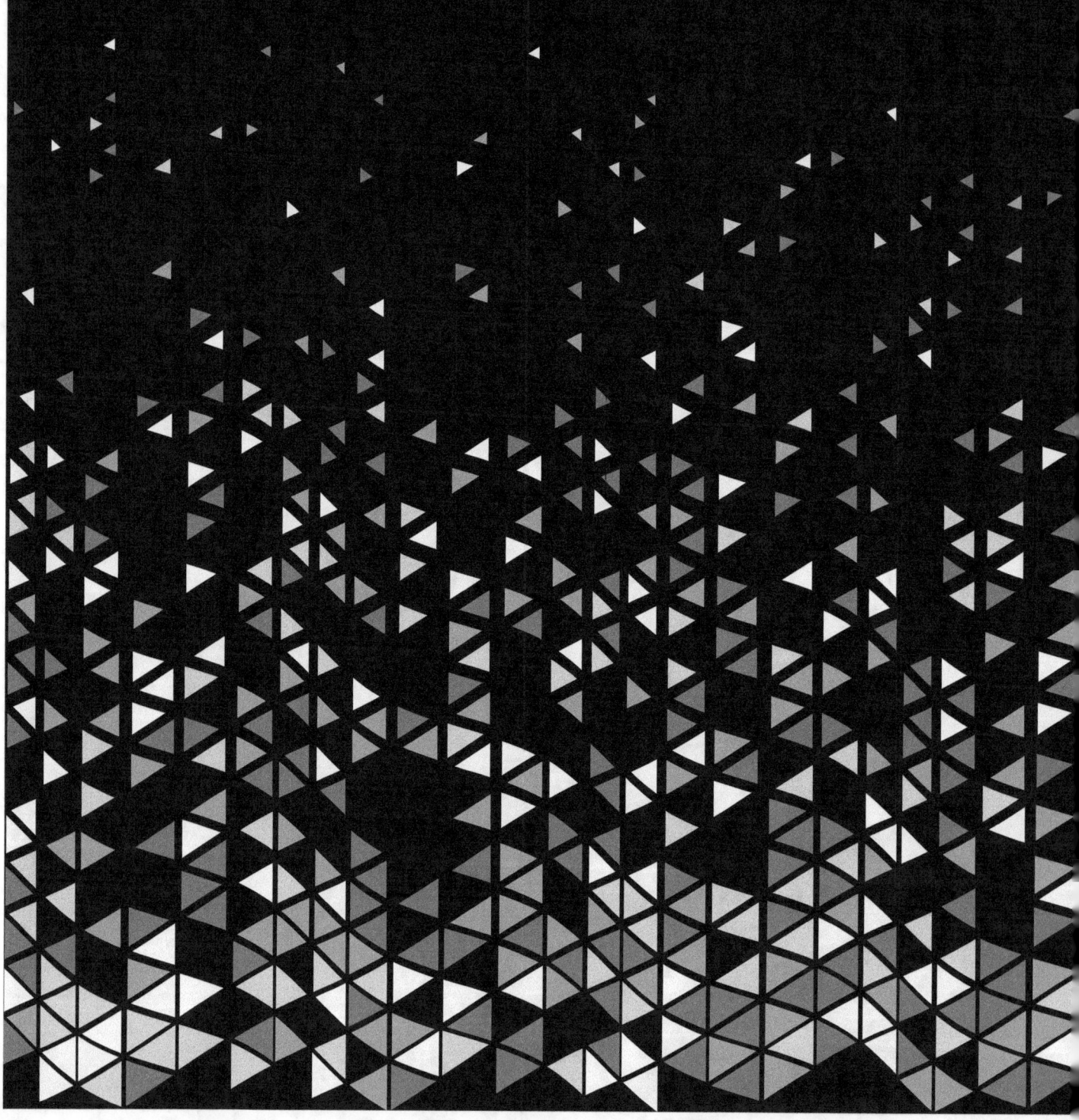

FREUNDE

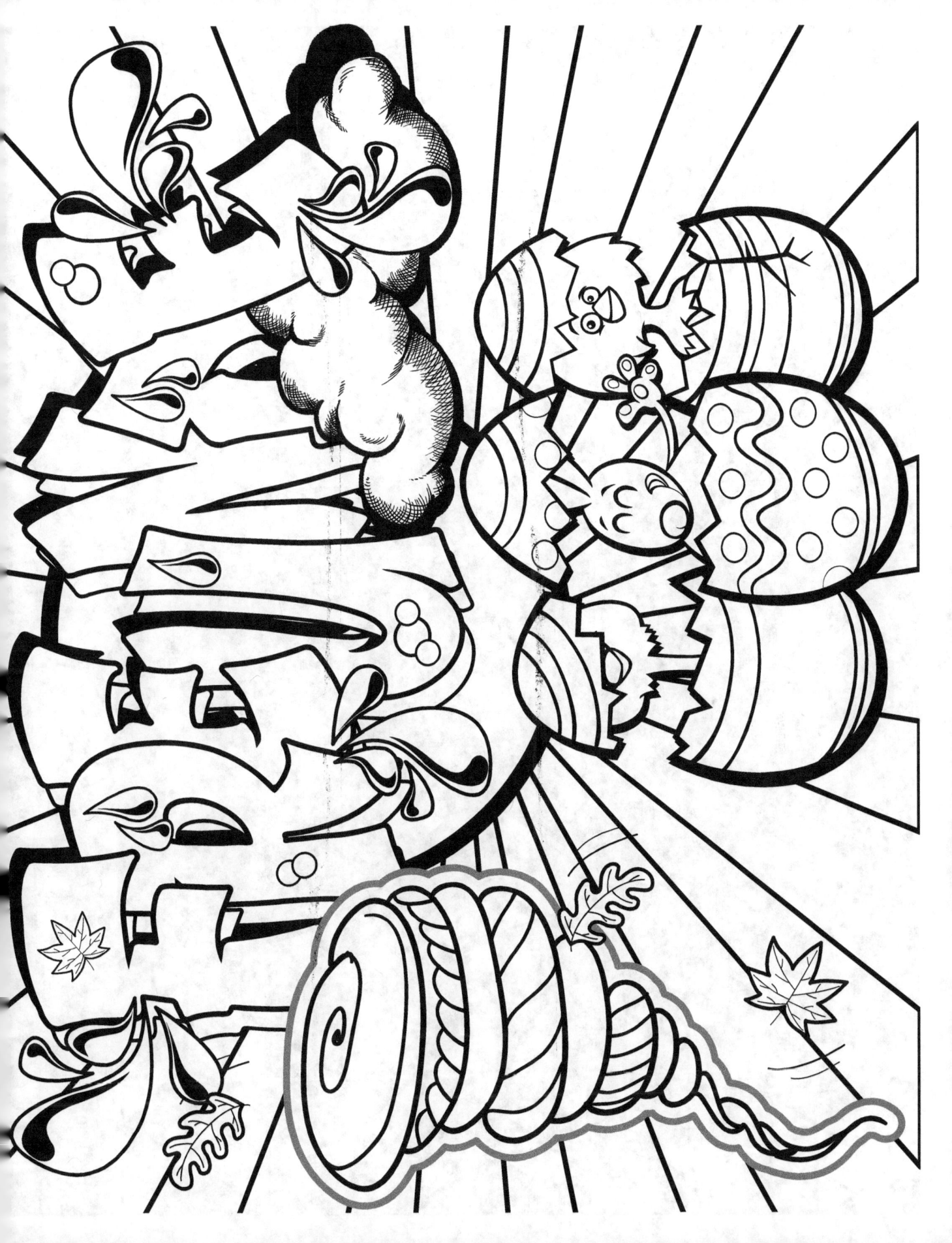

DAS LEBEN IST WUNDERSCHÖN

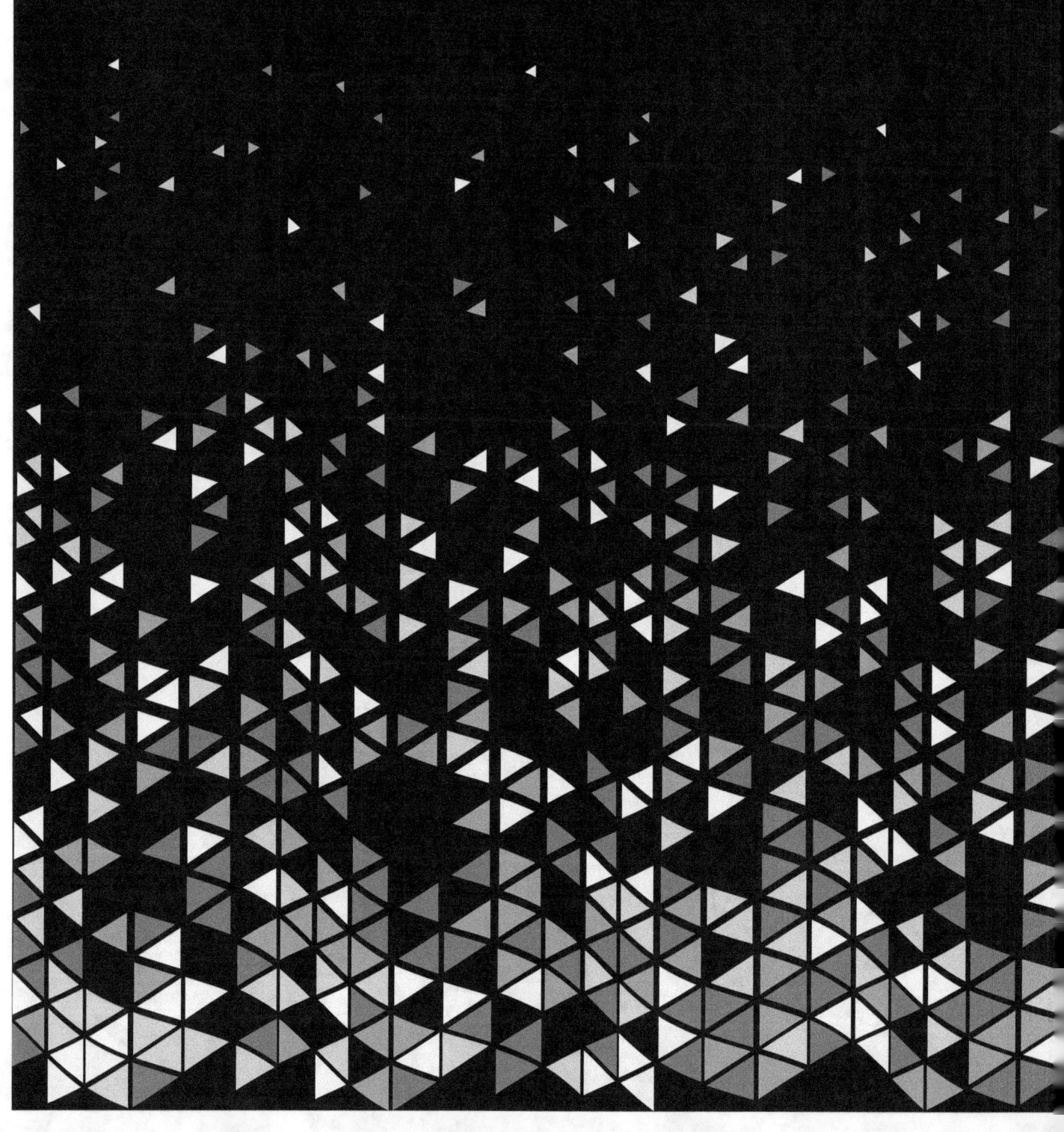

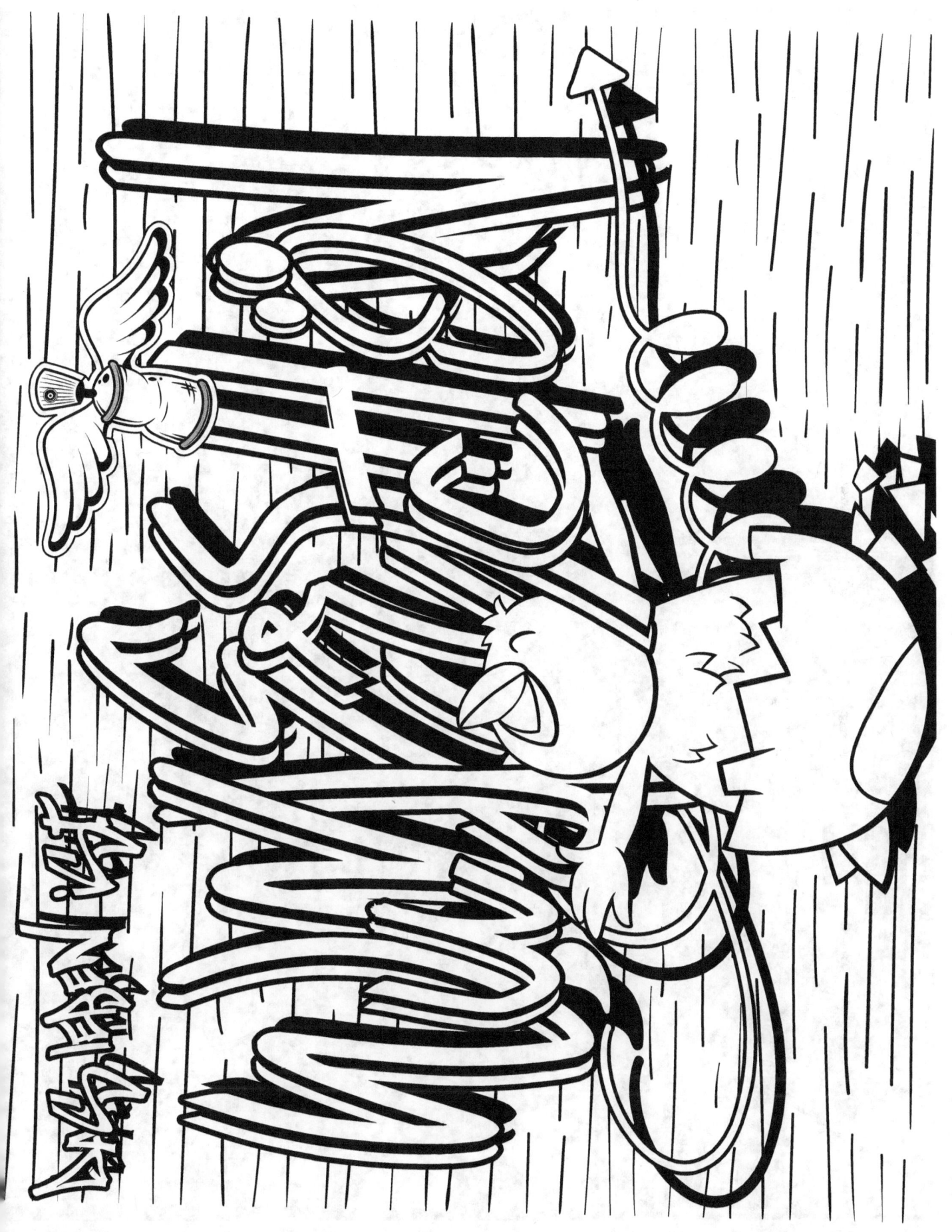

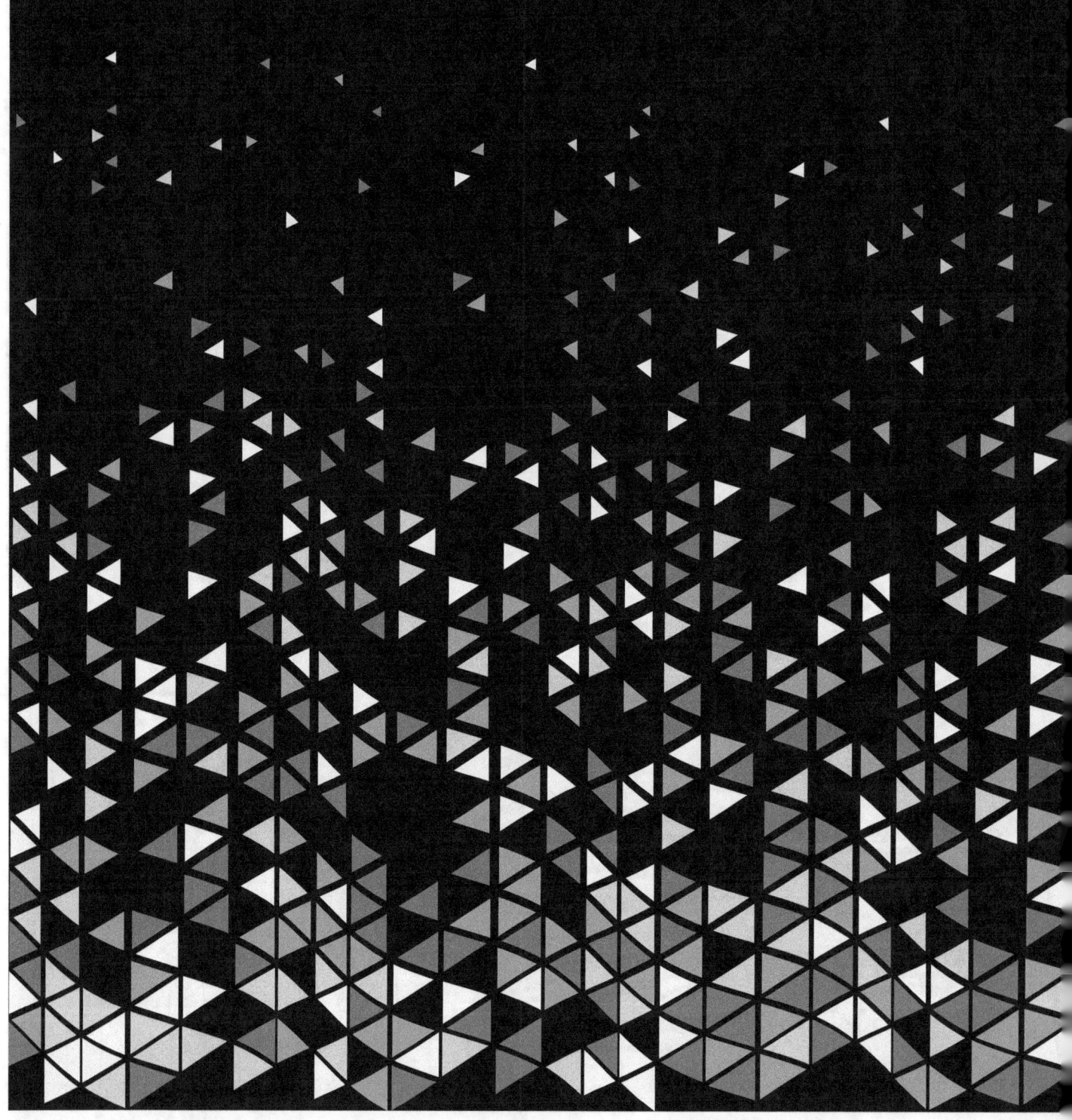

IST DAS NORMAL?

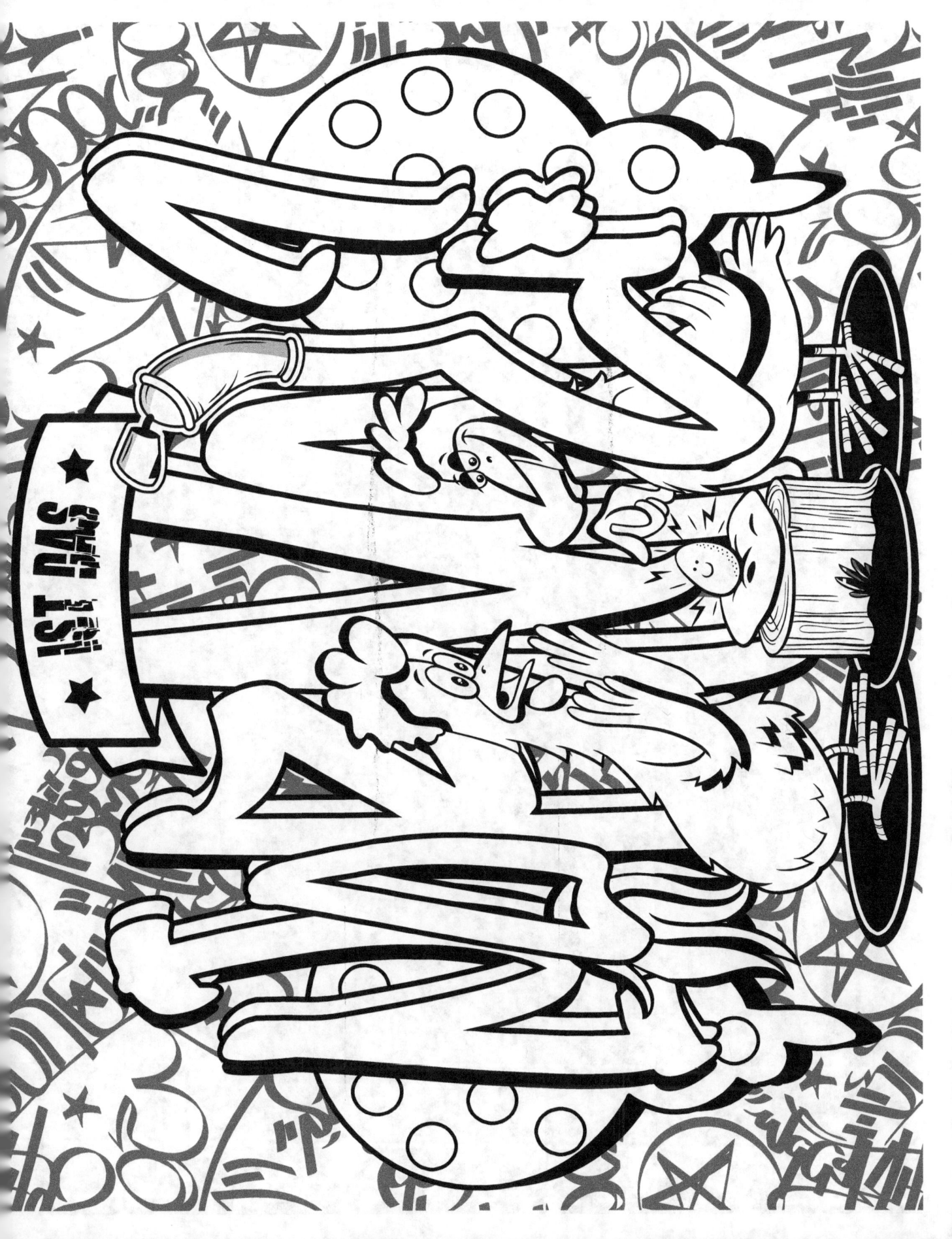

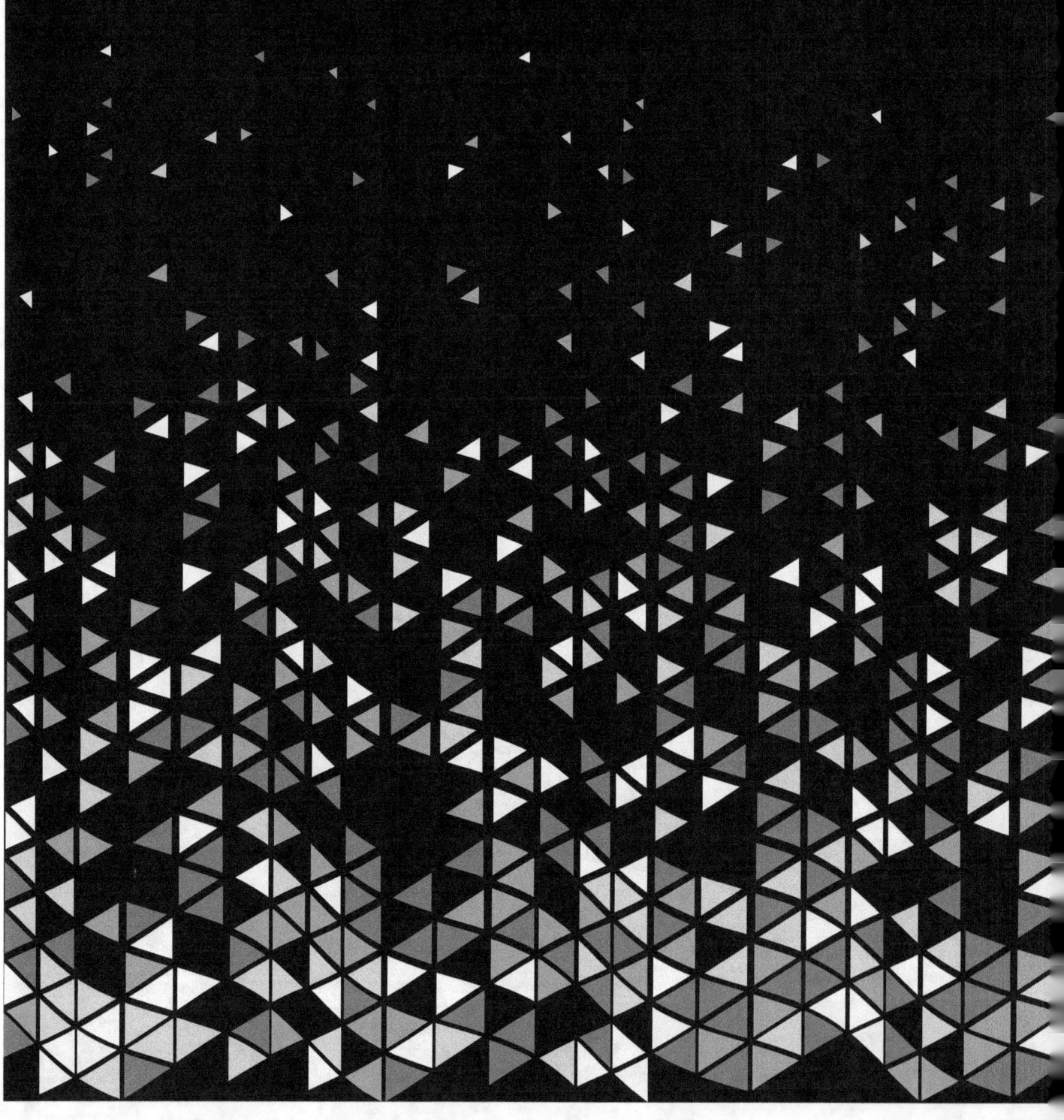

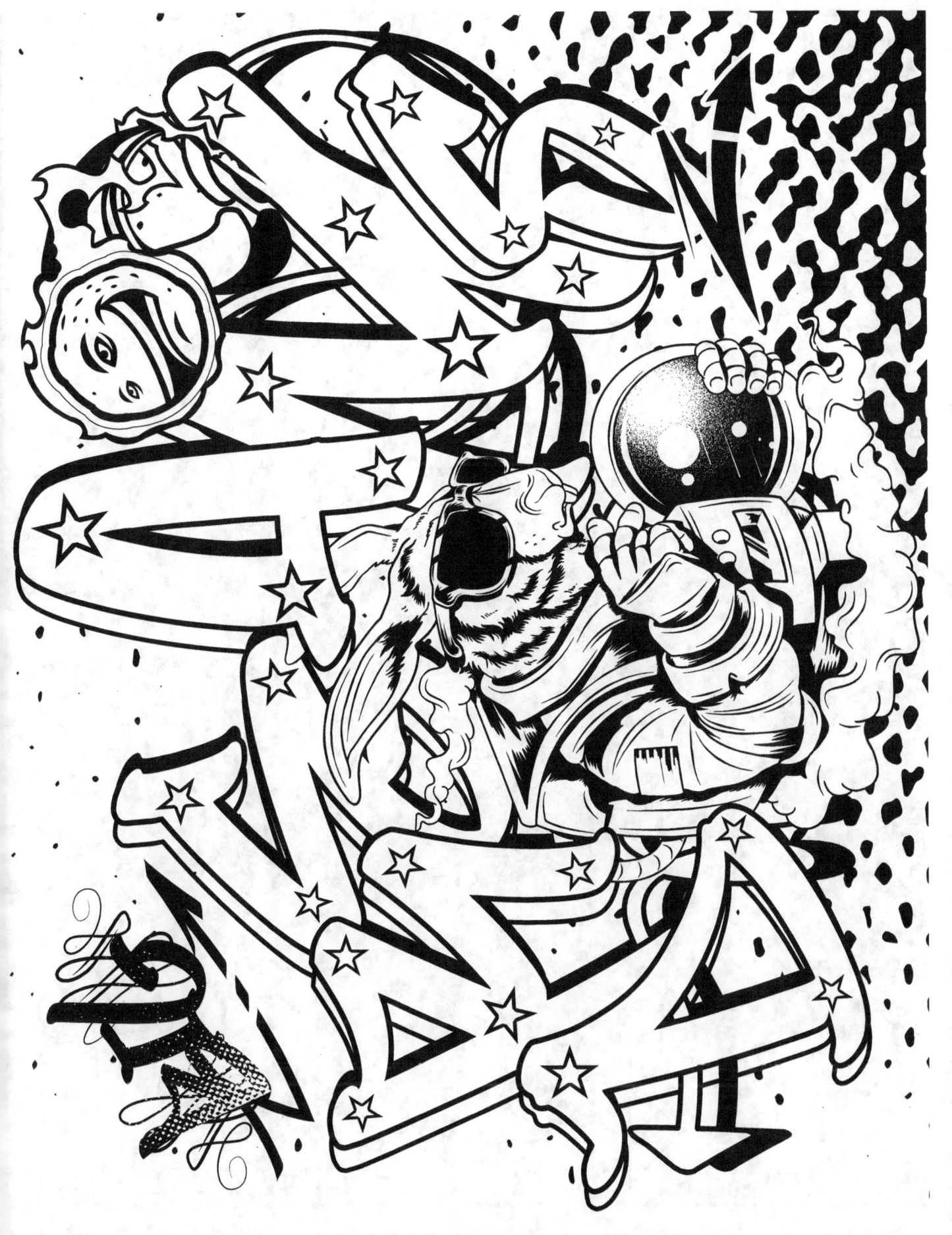

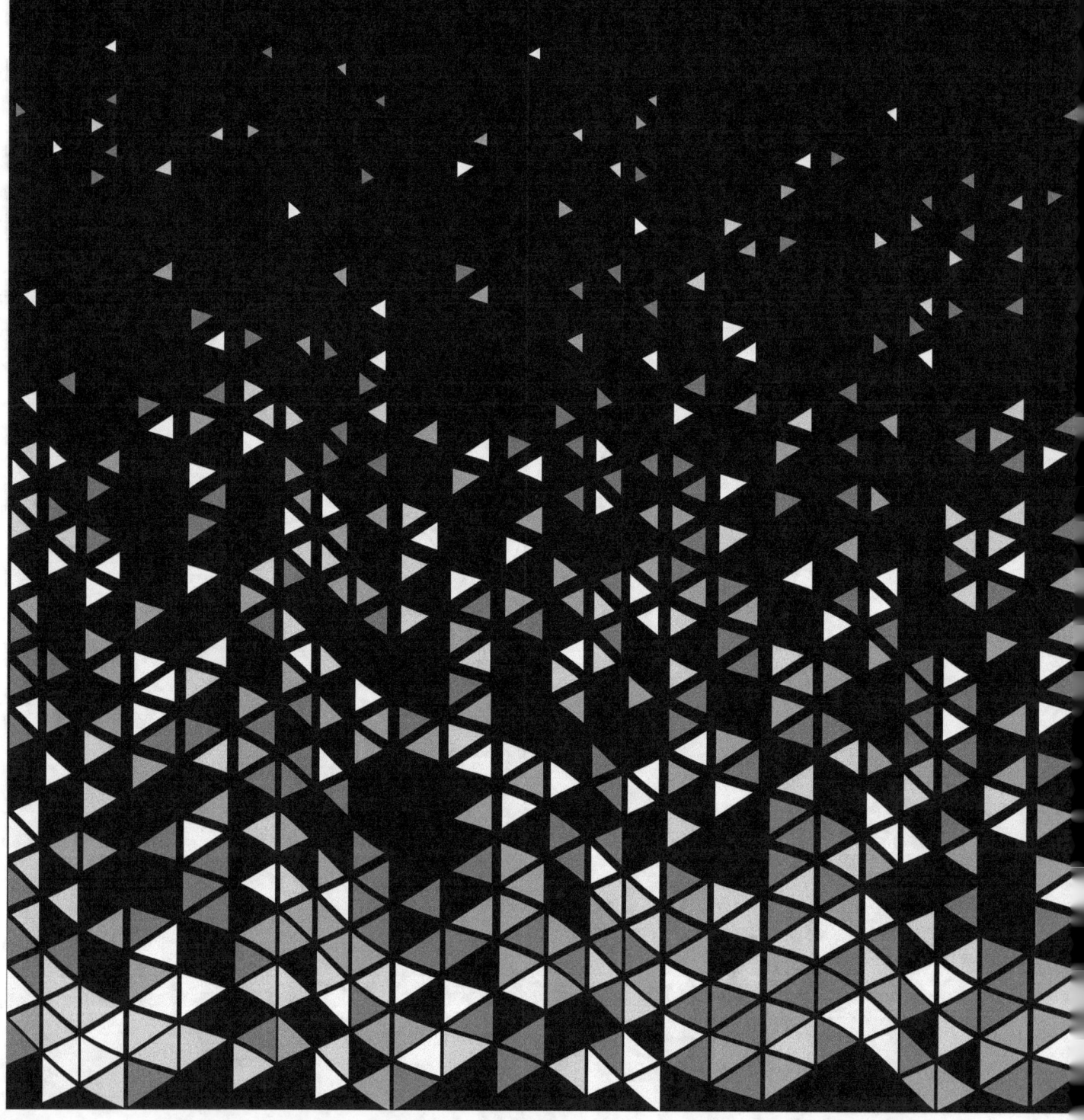

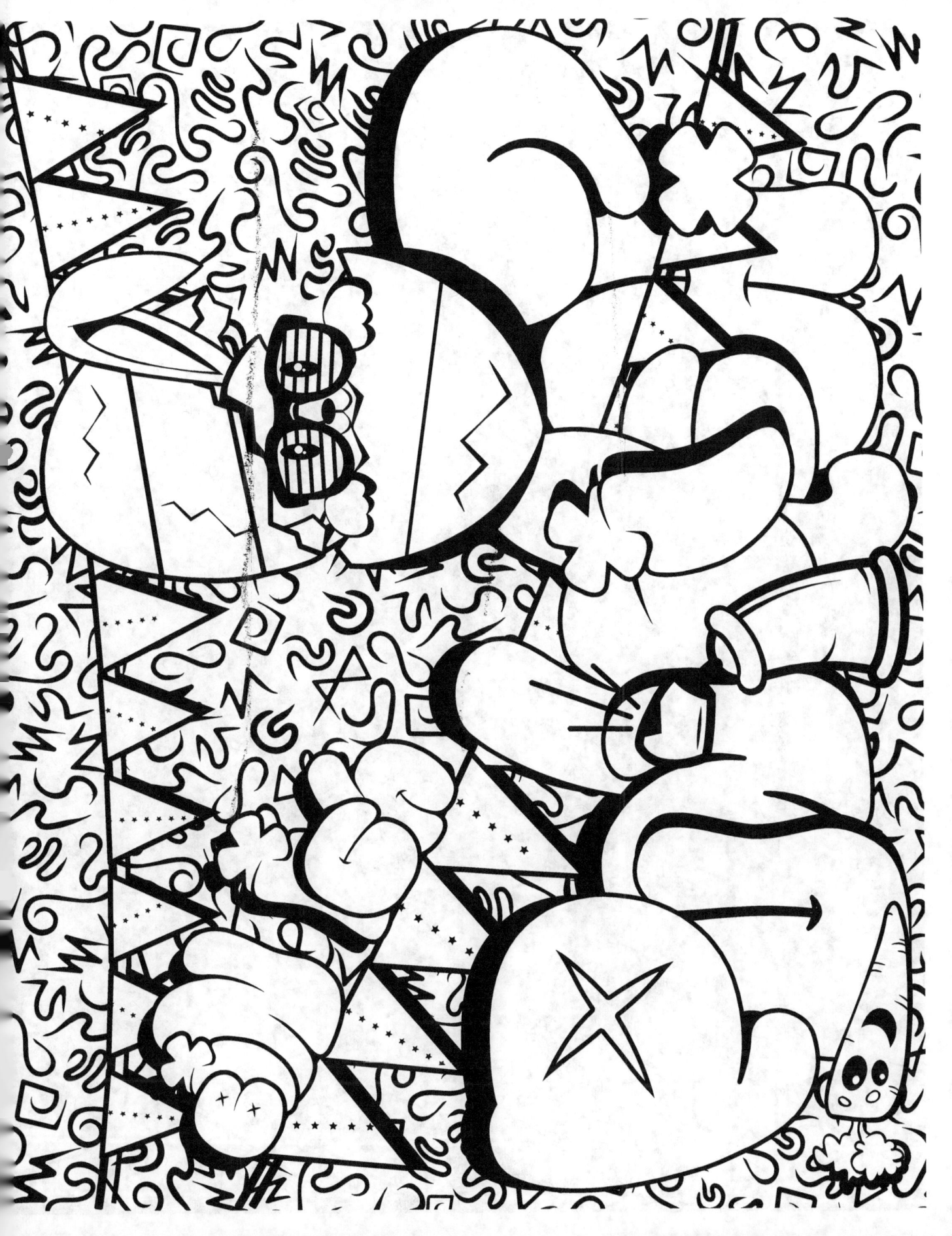

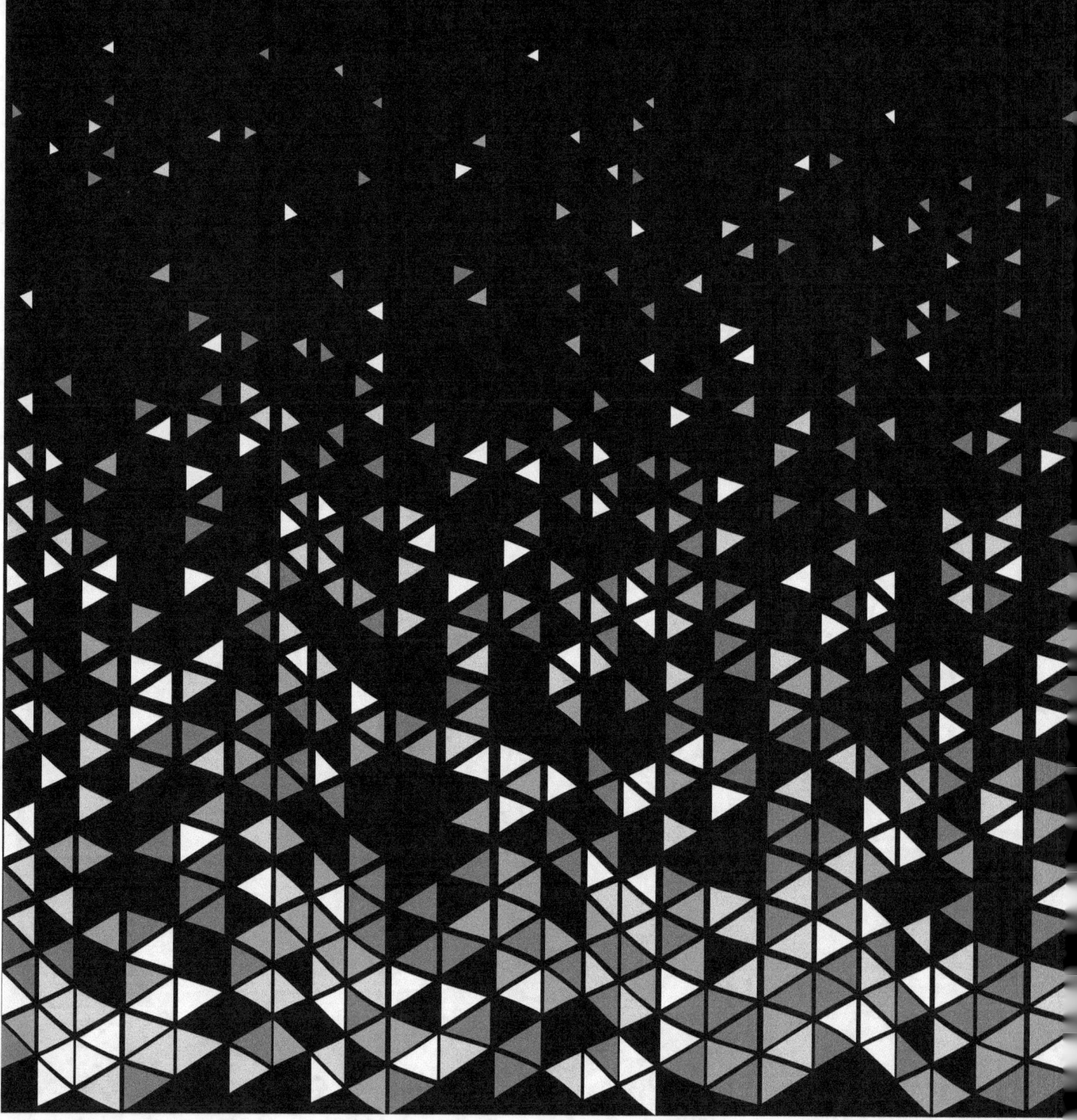

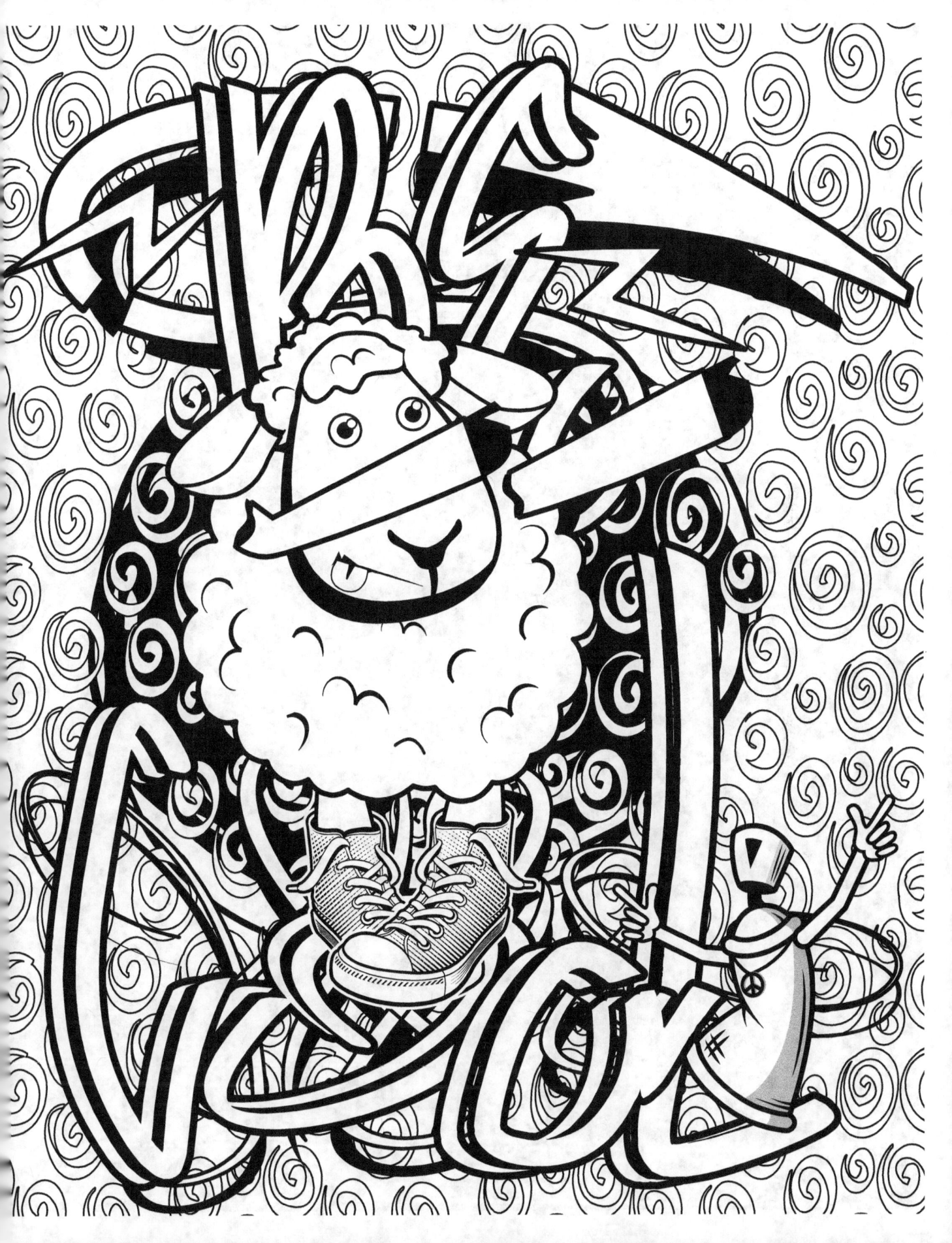

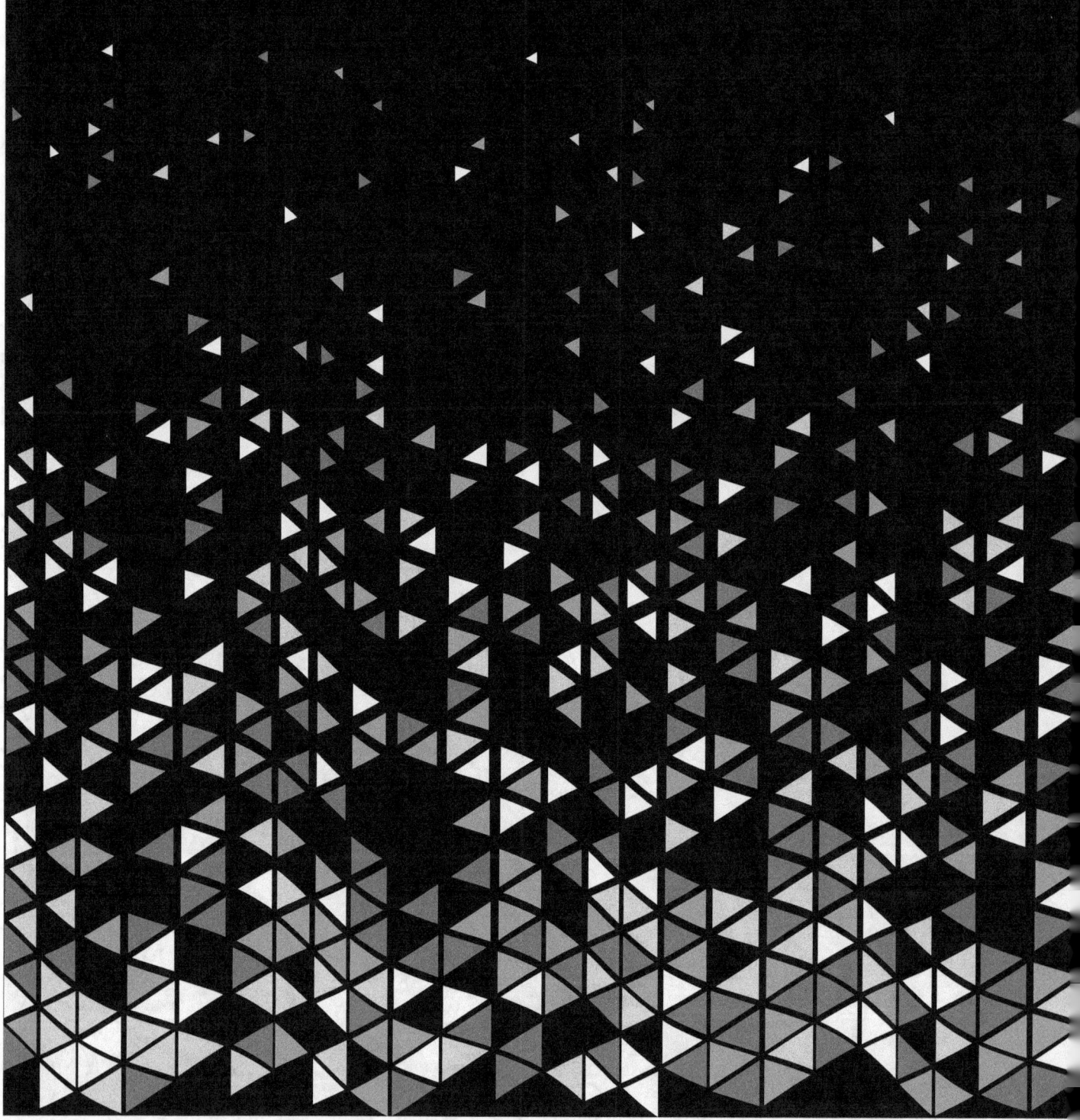

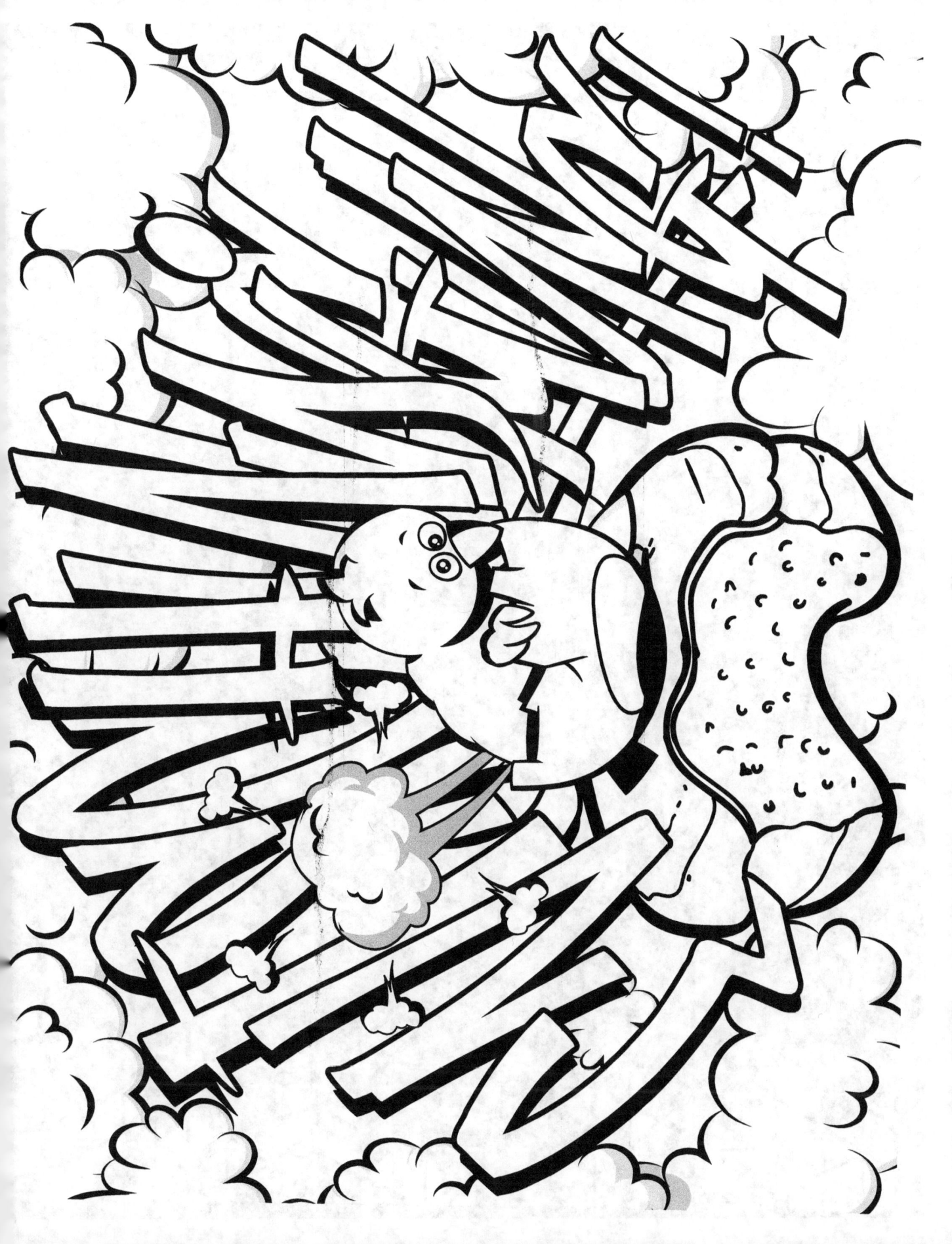

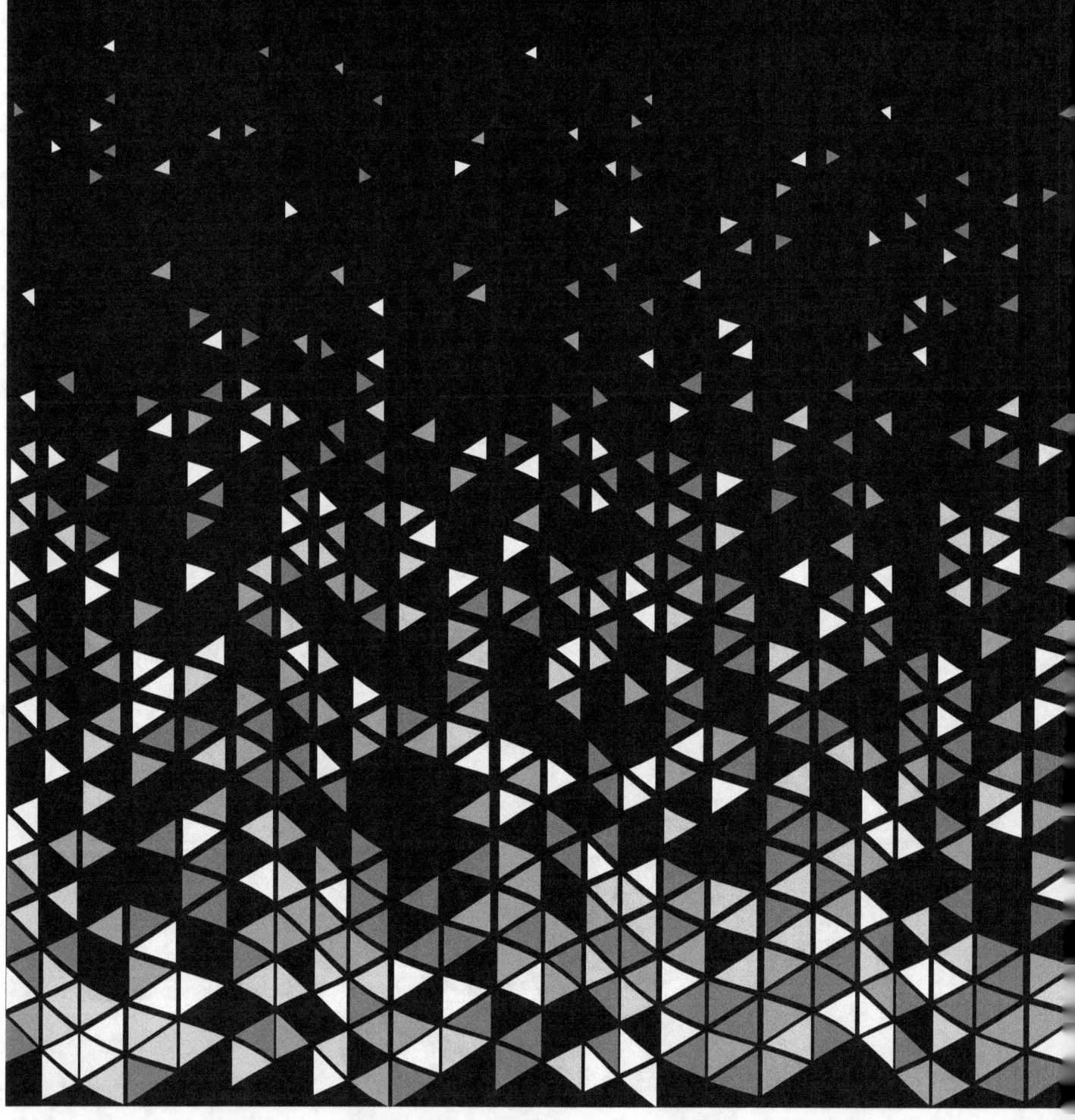

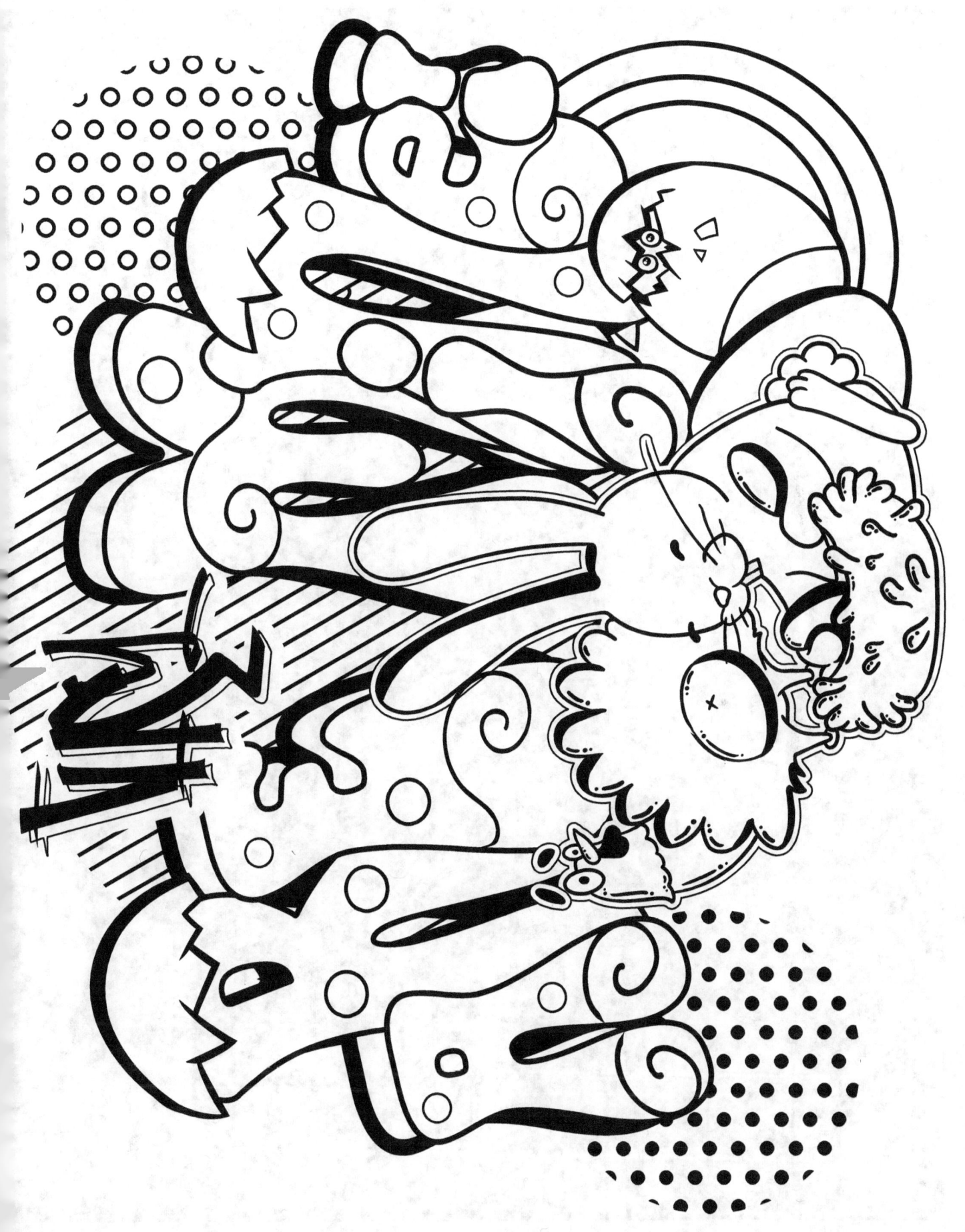

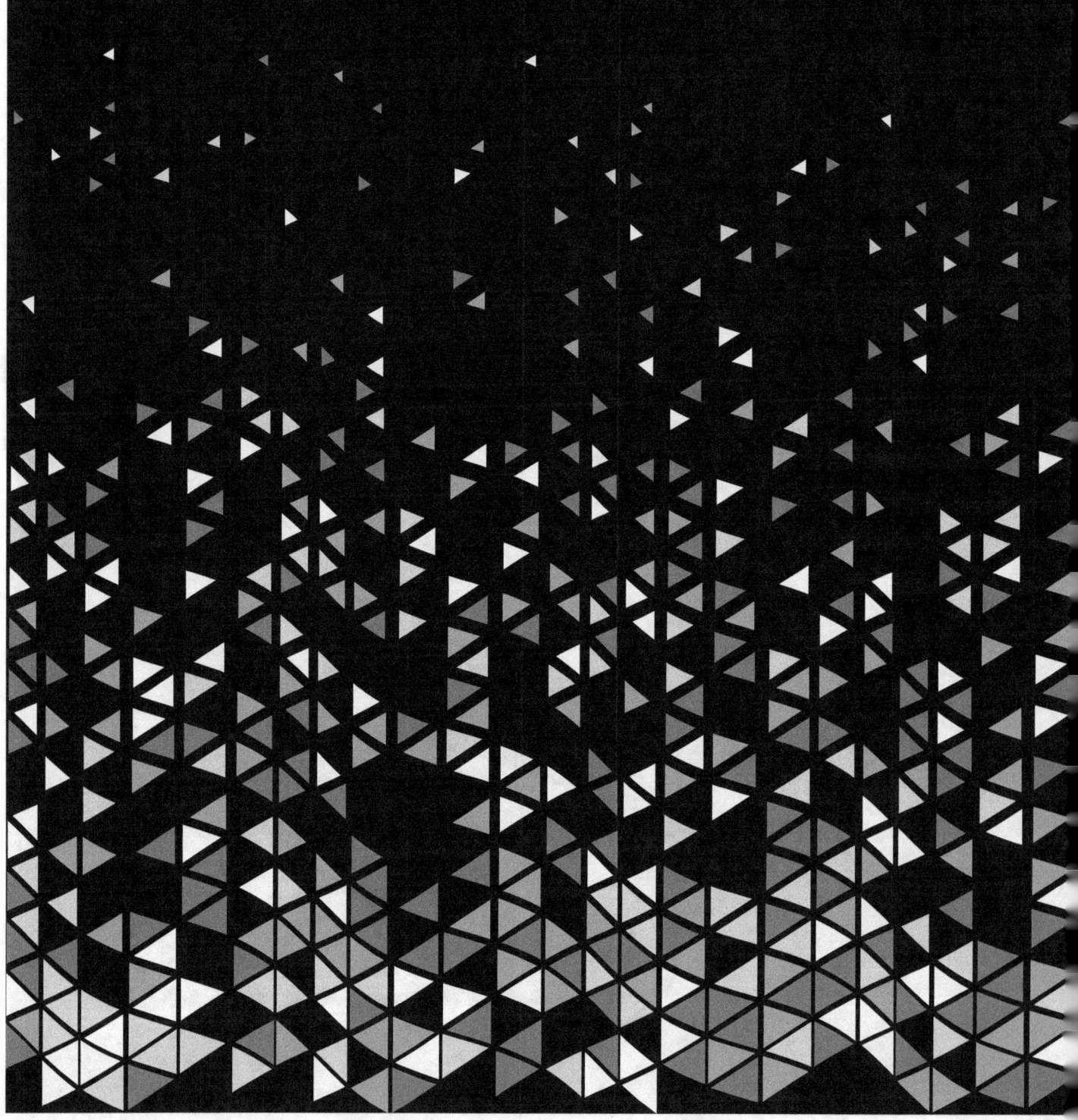

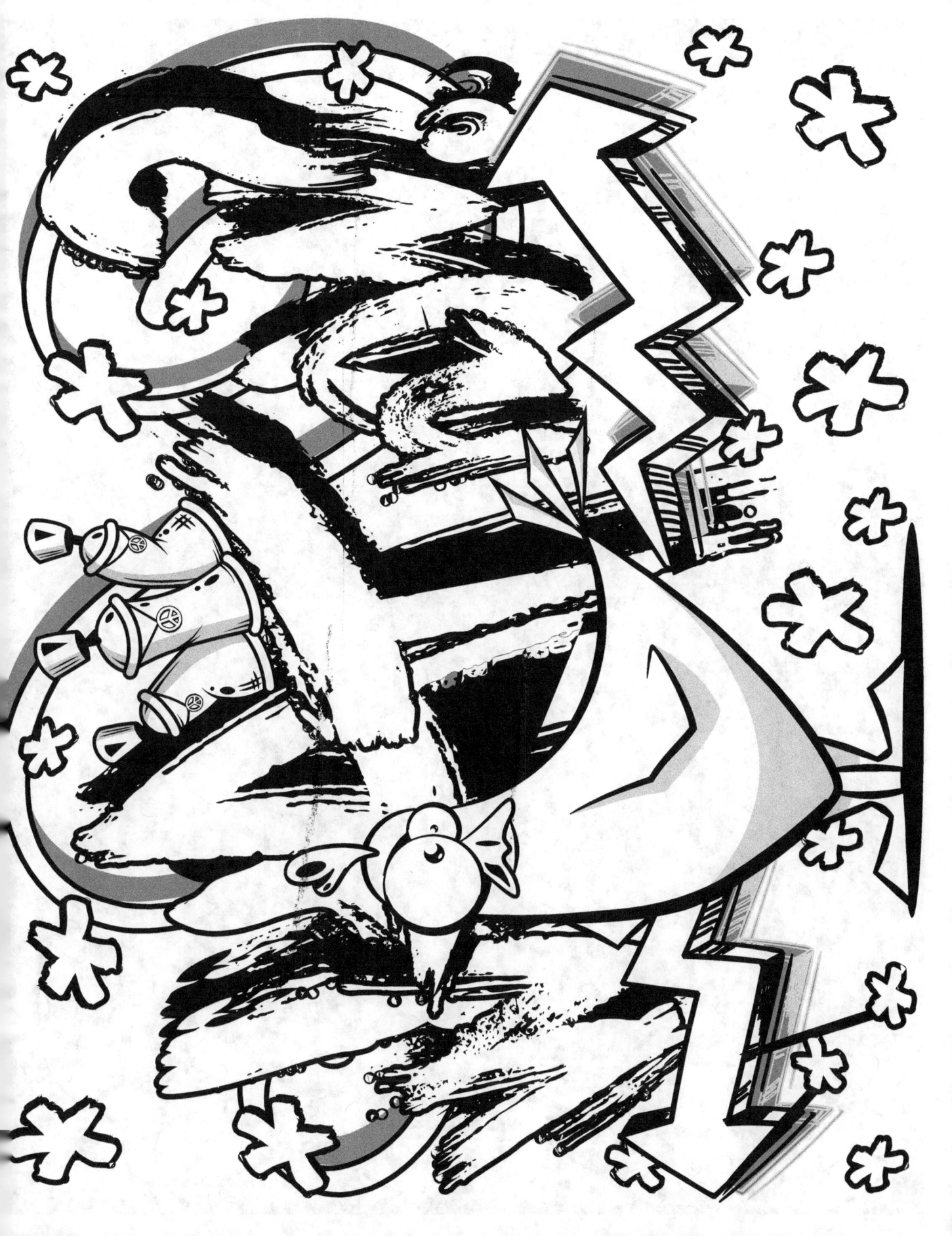

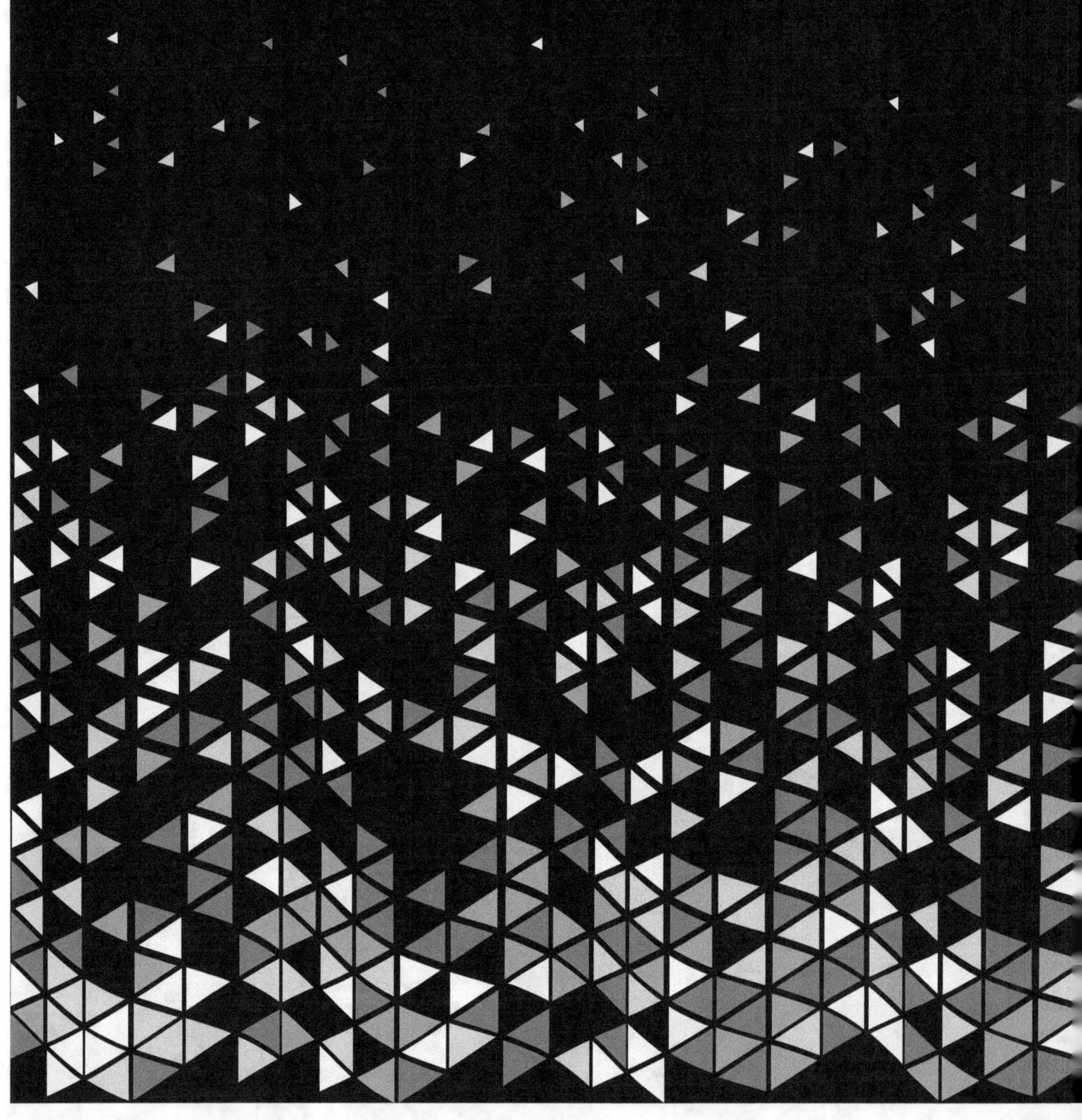

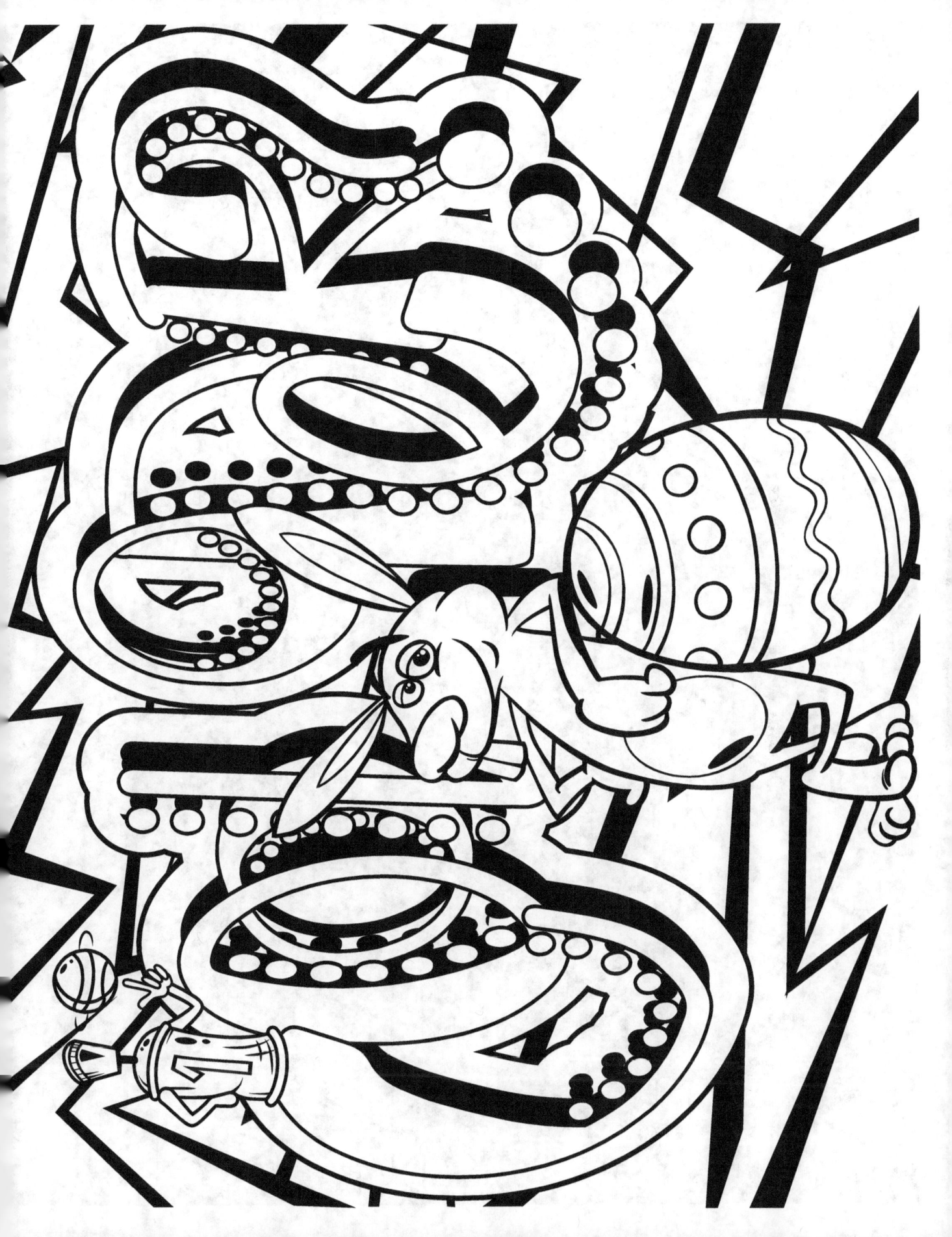

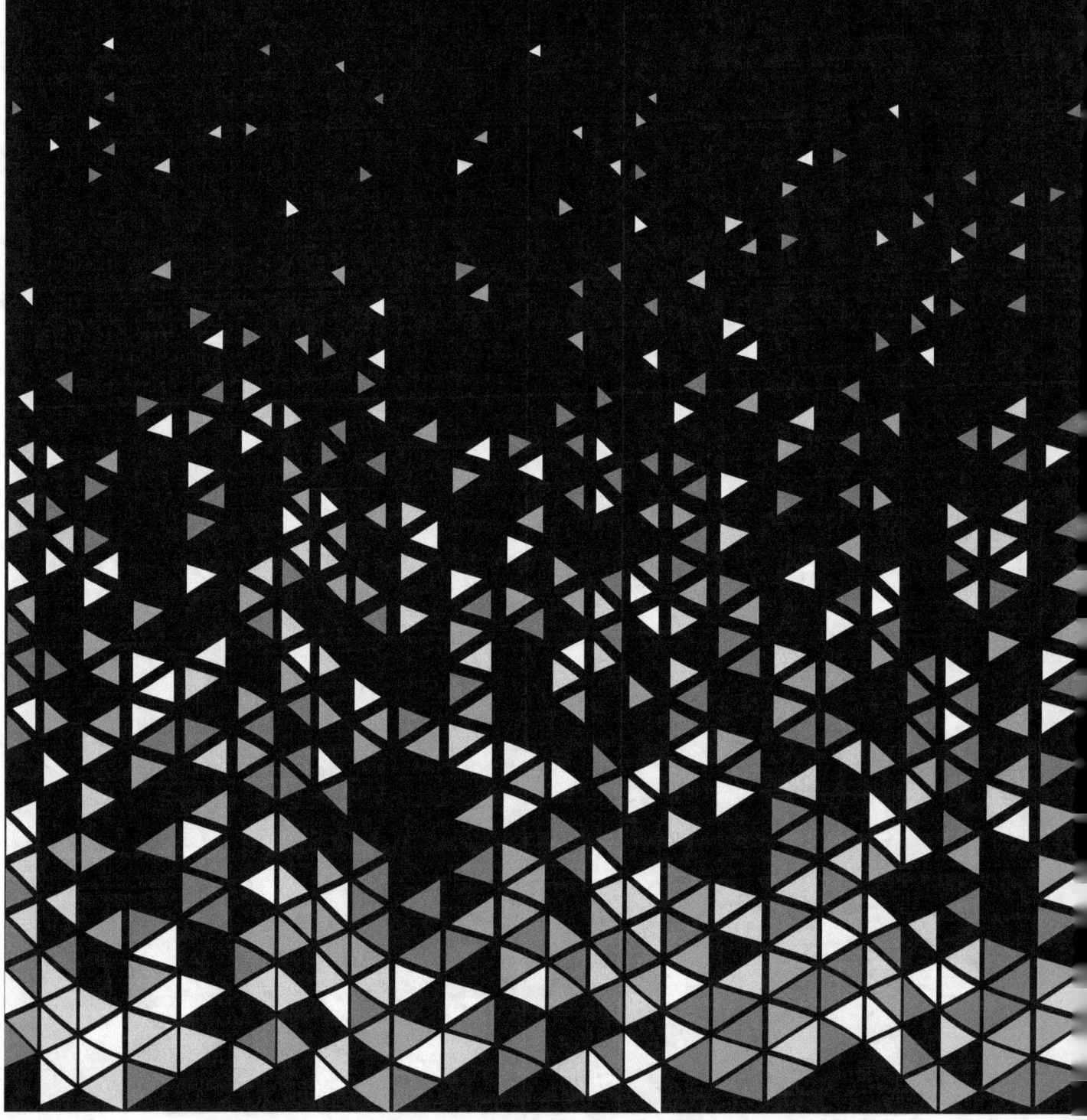

OSTERN

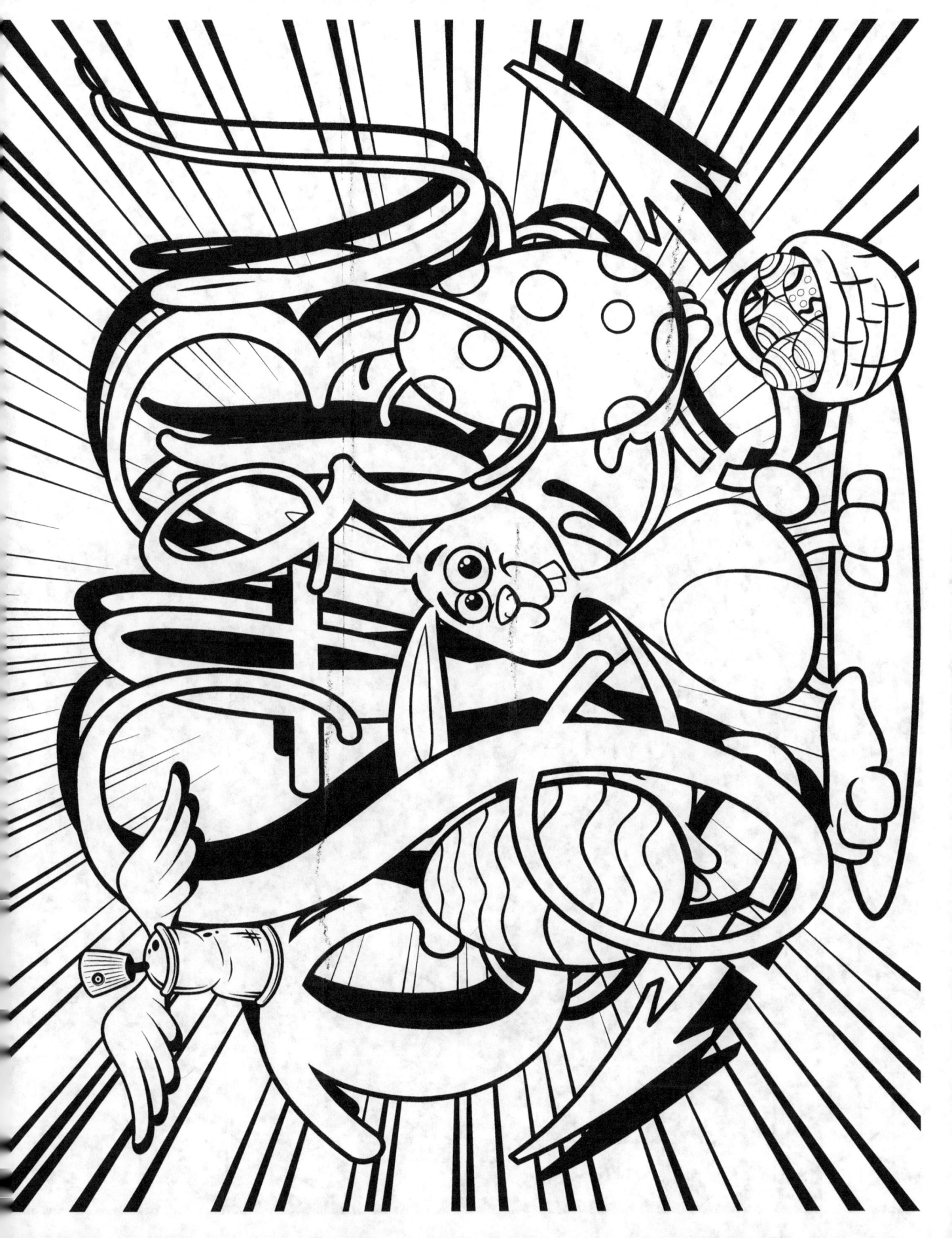

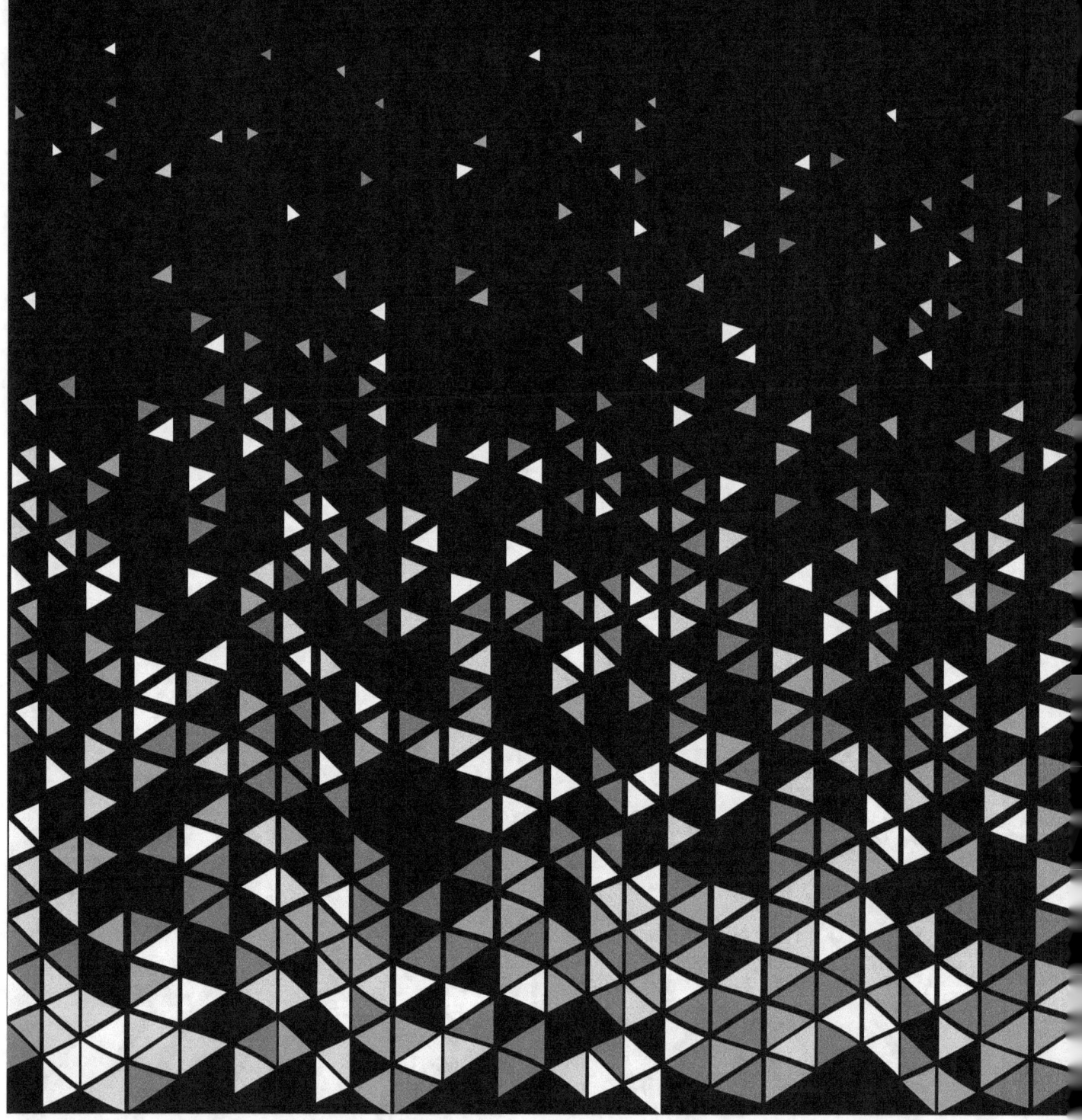

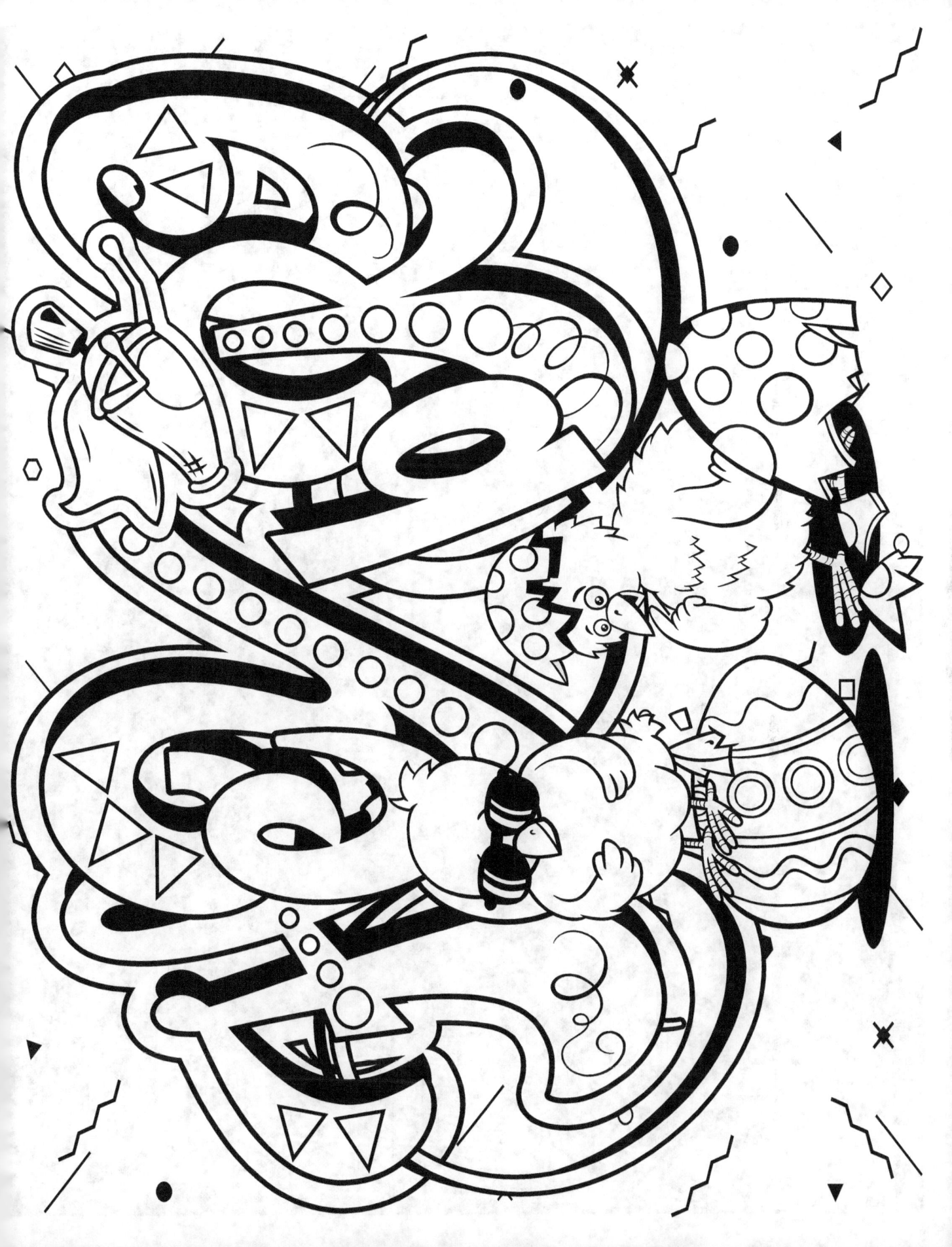

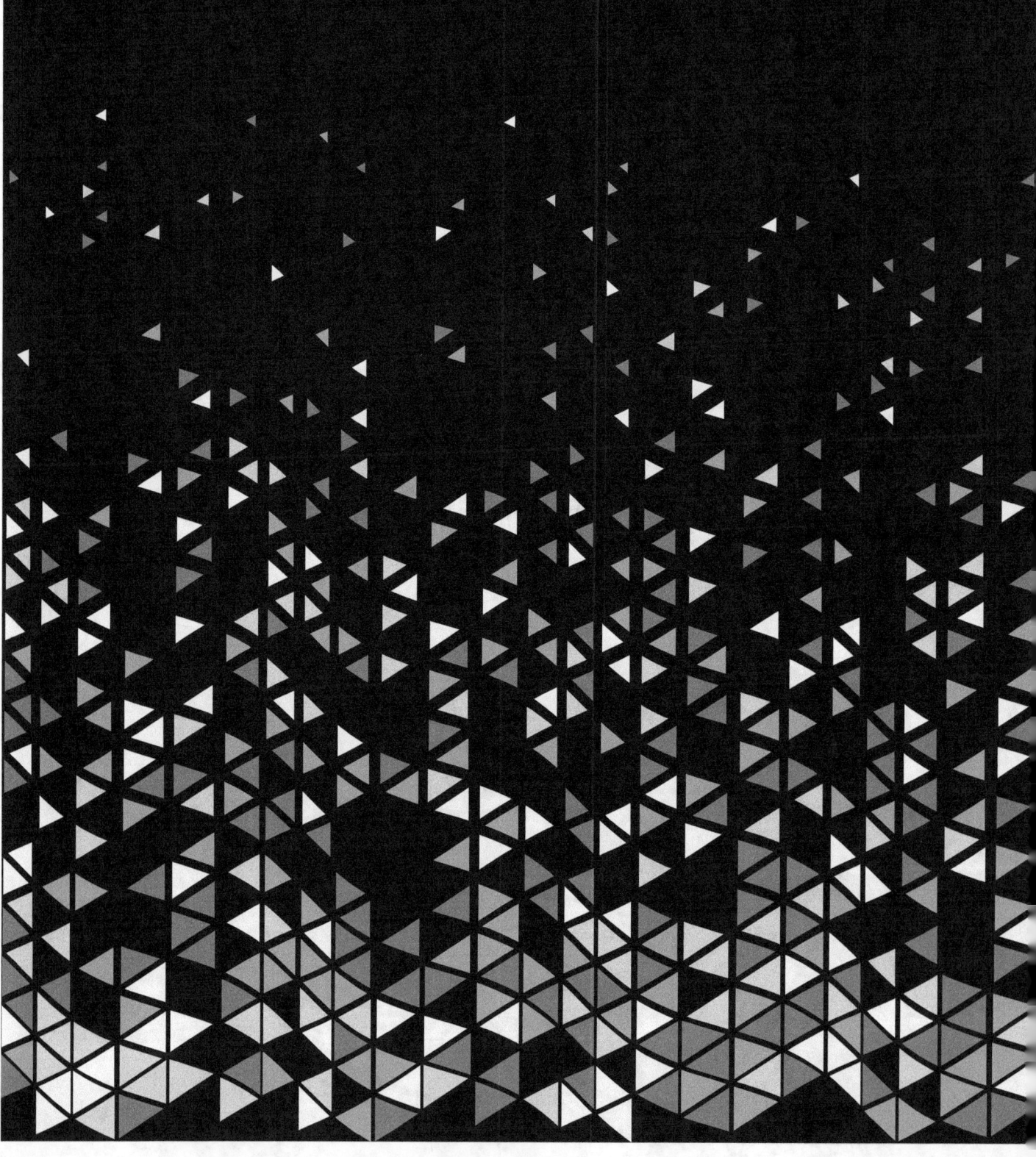

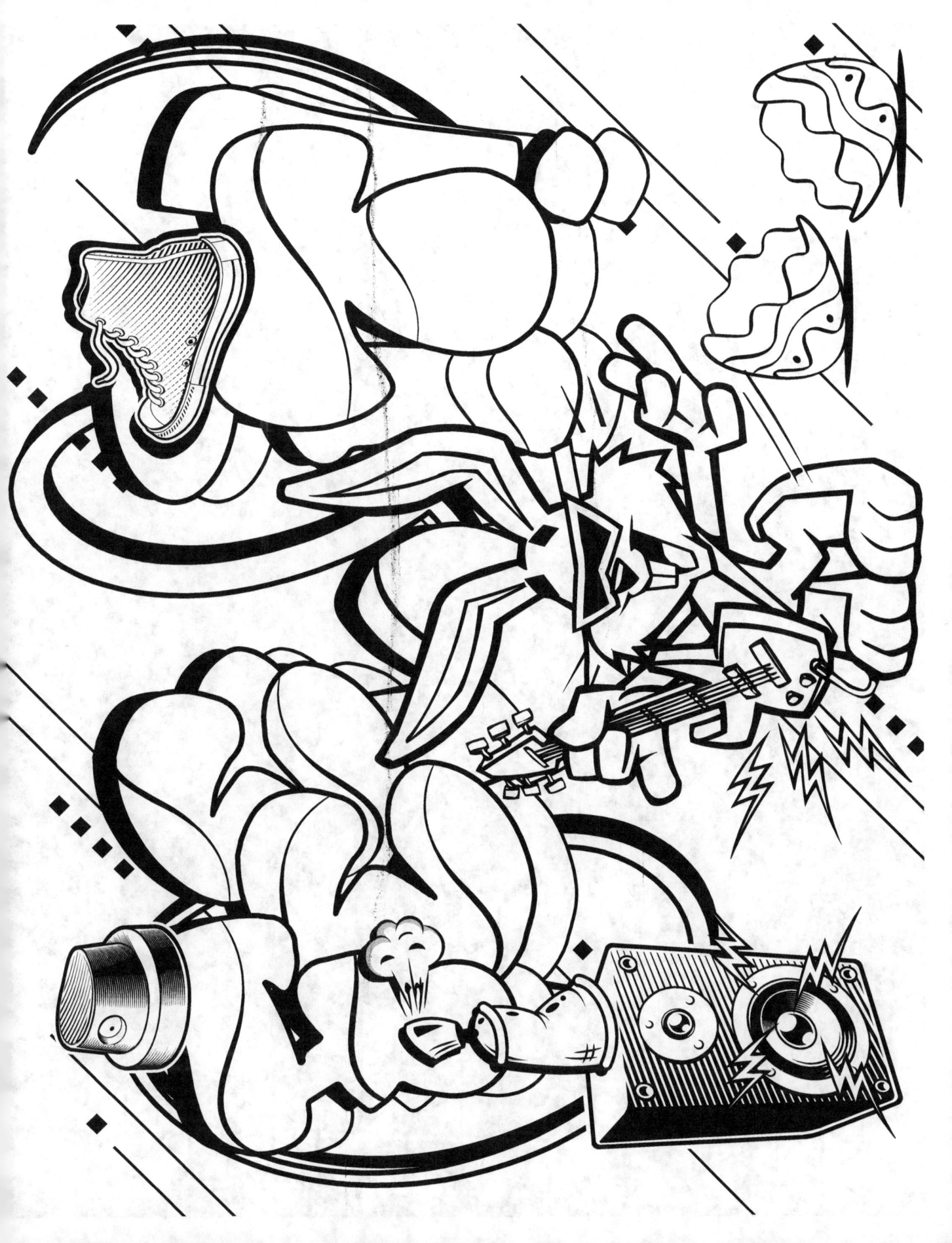

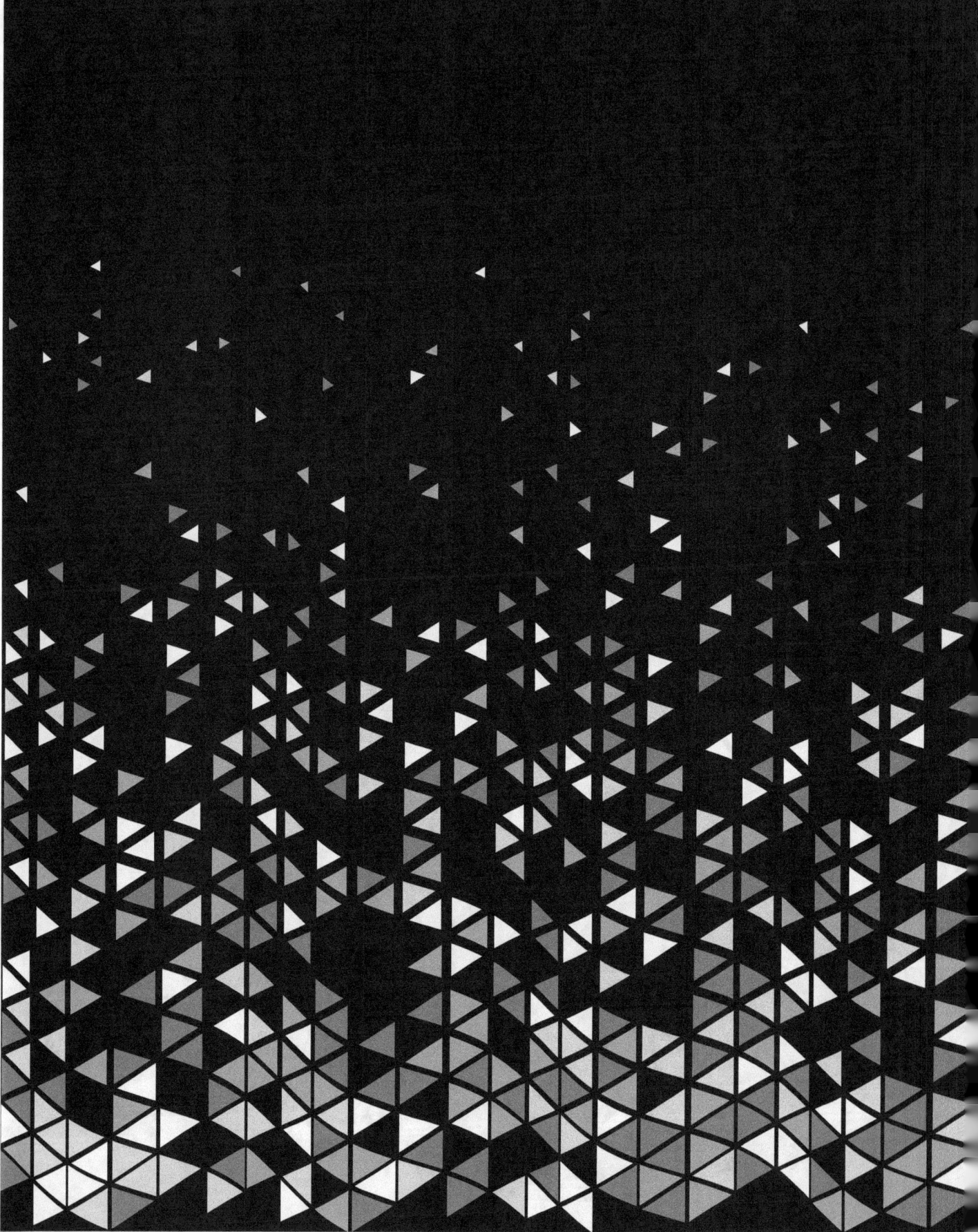

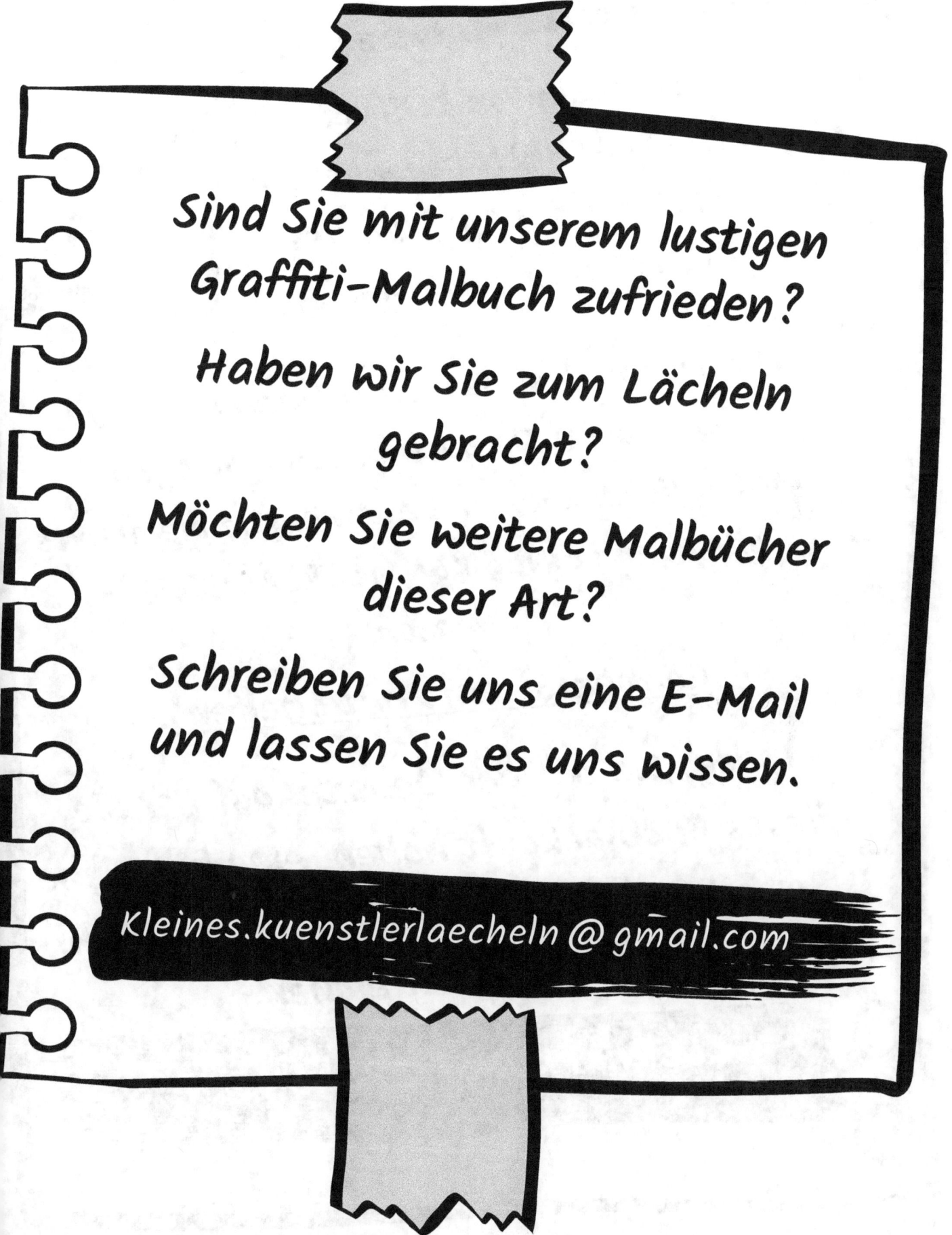

Sind Sie mit unserem lustigen Graffiti-Malbuch zufrieden?

Haben wir Sie zum Lächeln gebracht?

Möchten Sie weitere Malbücher dieser Art?

Schreiben Sie uns eine E-Mail und lassen Sie es uns wissen.

Kleines.kuenstlerlaecheln @ gmail.com

Unser Team von KLEINES KÜNSTLERLÄCHELN bedankt sich herzlich für den Kauf unseres „Graffiti Ostern Malbuch".

Wir hoffen, dass es Ihre Erwartungen erfüllt hat. Wenn Sie nach anderen lustigen MALBÜCHERN suchen, besuchen Sie die direkte Seite von KLEINES KÜNSTLERLÄCHELN bei Amazon.

<u>Können Sie uns bitte helfen ?</u>

Indem Sie auf der Website, auf der Sie dieses Buch gekauft haben, eine hilfreiche Bewertung abgeben, helfen Sie uns, mehr Kunden zu erreichen.

-KLEINES KÜNSTLERLÄCHELN-

www.ingramcontent.com/pod-product-compliance
Lightning Source LLC
Chambersburg PA
CBHW081003220526
45467CB00008B/2672